Acercándome

Tercera edición

Melissa D. Murphy
Mina Ogando-Lavín
Delia Méndez-Montesinos

Kendall Hunt
publishing company

www.kendallhunt.com
Send all inquiries to:
4050 Westmark Drive
Dubuque, IA 52004-1840

Copyright © 2010, 2011, 2014 by Melissa D. Murphy, Mina Ogando-Lavín, and Delia Méndez-Montesinos

ISBN 978-1-4652-5751-2

Printed in the United States of America
10 9 8 7 6 5 4 3 2 1

About the book

Acercándome was designed to guide students of Spanish in their transition from beginning to intermediate language proficiency. At this level, students will develop the skills necessary to express opinions, make predictions, speak hypothetically and engage in debate. The goals of this book include not only the acquisition of increasingly complex vocabulary and grammatical structures, but also the development of pragmatic skills, metalinguistic knowledge and socio-cultural awareness. The design of this book was driven by 5 fundamental principles:

1) Language learning is best achieved in a student-centered environment.
We have created activities that allow students to actively discover vocabulary, hypothesize about grammatical structures, and induce rules independently. In short, *Acercándome* provides students with the tools necessary to take responsibility for their own language development.

2) Language data, whenever possible, should be authentic and contextualized.
Using this book, students will work with a wide range of texts, including a variety of discourse genres, such as interviews, blogs, ads, and informative articles. Different contexts, registers, and dialects are included so that students are able to experience language as a social construct.

3) Critical thinking skills are an essential component of university-level language courses.
As part of a liberal arts education, university language courses are responsible for providing students with substantive academic content as well as strengthening their critical thinking skills. In *Acercándome,* students will analyze data, work with metalinguistic terminology and discover linguistic universals, thus increasing their overall awareness of human communication.

4) Pedagogical activities should address a variety of learning styles.
Activities in this book aim to accommodate a variety of learning styles by stimulating learning through the use of logic, emotions, senses, and imagination. Students will have opportunities to work alone, in pairs and in groups, depending on the specific objectives of the task at hand.

5) Motivation is an extremely important factor in successful language learning.
In order to keep students engaged and to encourage self-expression, we have designed activities that include humor, visual interest, and a variety of thought-provoking and controversial topics relevant to life in the 21st century.

Acknowledgments

We would like to thank Professor Rafael Salaberry, for the support and encouragement he has shown us during this endeavor; Amy Hornby-Uribe, for her willingness to pilot the book in her classes and provide us with very useful feedback; and finally, our colleagues, Celina, Fernanda, Lucía, Silvia and Vivian, who always make our work environment an extremely positive and cooperative one.

Chapter content and organization

Acercándome is divided into 4 chapters, each of which contains 3 thematic sub-units and corresponding grammatical topics. Each chapter includes the following sections:

Codo a codo con el contenido opens the chapter by providing a brief overview of the chapter content.

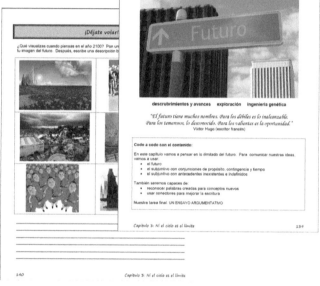

¡Déjate volar! introduces students to the chapter themes with an activity that stimulates their imagination.

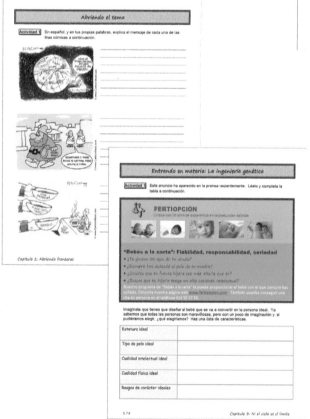

Abriendo el tema elicits students' prior knowledge and opinions about the chapter themes, thus serving as a point of departure for presenting new material.

Entrando en materia focuses on one of the 3 thematic sub-units and expands students' vocabulary through a variety of texts and related activities.

¡Gramaticando! presents key grammar topics via a sequence of steps in order to guide students through the learning process.

Descubriendo la gramática provides students with discourse samples from which they can begin to hypothesize about the target language structure.

Mi regla is a highlighted box in which students are asked to draw their own conclusions and form their own rules based on their observations.

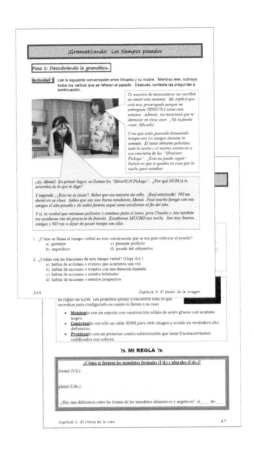

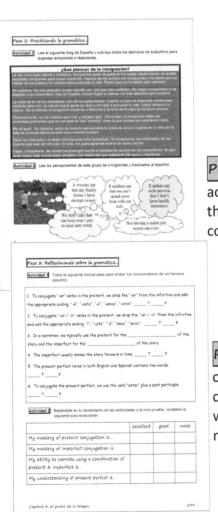

Practicando la gramática includes a broad range of activities to promote internalization and automatization of the target structure, logically ordered from simple to complex, guided to open-ended, and written to oral.

Reflexionando sobre la gramática offers students the opportunity to check their progress and verify comprehension of the new grammatical material. It is written in English to facilitate processing of explicit metalinguistic content.

Auto-prueba is a self-test that provides several quick and efficient exercises for students to gauge their understanding of the target grammar and vocabulary after completing all 3 sub-units.

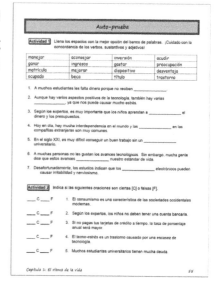

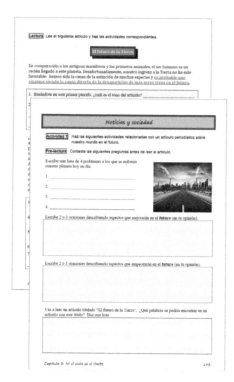

Noticias y sociedad contains a guided reading activity involving a multi-page, informative article, followed by smaller discourse samples that address a socio-cultural aspect of Spanish directly related to the chapter content.

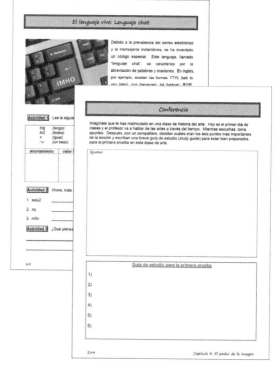

El lenguaje vivo exposes students to a linguistic phenomenon related to language contact, change and/or variation.

Conferencia is a comprehensive listening activity related to the chapter theme. This activity is designed to strengthen the students' listening skills as well as academic skills such as note taking, summarizing and list making.

¡A investigar! prompts students to research a topic online in order to obtain information that they will use for the final chapter task.

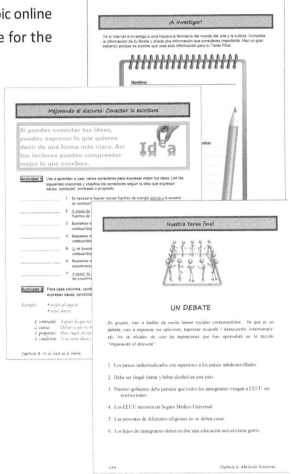

Mejorando el discurso addresses a specific pragmatic skill that will strengthen the students' discourse in the final chapter task.

Nuestra tarea final is the final task of the chapter and allows students to demonstrate their proficiency in terms of new vocabulary, grammar and pragmatics. Each final task has a unique objective and stresses a different communicative skill.

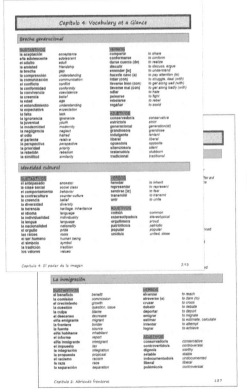

Grammar at a Glance offers a brief review in English of the grammatical structures covered in the chapter.

Vocabulary at a Glance includes a list of useful vocabulary words and phrases related to the three sub-themes of the chapter.

Capítulo	Contenidos funcionales	Entrando en materia	¡Gramaticando!
El ritmo de la vida 1-74	• Dar órdenes • Dar consejos • Expresar deseos, voluntad y necesidad	• La vida universitaria • El dinero y el consumismo • La tecnología y el estrés	• Mandatos informales • Mandatos formales • Presente del subjuntivo (voluntad, deseo y necesidad)
Abriendo fronteras 75-138	• Reaccionar • Expresar opiniones y emociones • Expresar duda e incredulidad	• El bienestar social • La inmigración • La tolerancia	• Gustos y pronombres • Presente del subjuntivo (emociones) • Presente del subjuntivo (dudar y negar)
Ni el cielo es el límite 139-212	• Hablar del futuro • Expresar tiempo, propósito y contingencia • Referirse a entidades indefinidas e inexistentes	• Descubrimientos y avances • Exploración • La ingeniería genética	• Futuro • Subjuntivo (en cláusulas adverbiales) • Subjuntivo (en cláusulas adjetivales)
El poder de la imagen 213-294	• Narrar en el pasado • Expresar opiniones, reacciones y voluntad en el pasado • Hacer hipótesis	• Brecha generacional • Identidad cultural • Las artes	• Tiempos pasados • Pasado del subjuntivo • Condicional

Noticias y sociedad	El lenguaje vivo & Conferencia	Mejorando el discurso	¡A investigar! & Nuestra tarea final
• Un artículo sobre los estudiantes y las tarjetas de crédito • Anuncios (relación entre función social y estructura gramatical)	• Lenguaje chat • Un coloquio sobre la vida moderna	• Fuerza ilocucionaria y registro	Un **EMAIL**
• Un artículo sobre la desnutrición en México • Carteles (bilingüismo y multilingüismo)	• Bilingüismo y contacto de lenguas • Una conferencia sobre la población mundial	• Actos de habla	Un **DEBATE**
• Un artículo sobre el futuro de la Tierra • Fragmentos discursivos (relación entre tiempo verbal y referencia temporal)	• Neologismos • Una mesa redonda sobre el papel de las ciencias en el siglo XXI	• Conectar la escritura	Un **ENSAYO ARGUMENTATIVO**
• Un artículo sobre la Generación X y la Generación del Milenio • Reseñas de películas y novelas (presente histórico)	• Variación lingüística • Una clase universitaria sobre la historia del arte	• Formular preguntas	Una **ENTREVISTA**

El ritmo de la vida

vida universitaria   dinero y consumismo   tecnología y estrés

"¿No será acaso que esta vida moderna está teniendo más de moderna que de vida?"
Joaquín Salvador Lavado (escritor y dibujante de la tira cómica "Mafalda")

Codo a codo con el contenido:

En este capítulo vamos a tomar una postura crítica sobre varios aspectos de la vida moderna.
Para comunicar nuestras opiniones del tema y para influir al oyente, vamos a usar:
- mandatos informales singulares
- mandatos formales y plurales
- el presente del subjuntivo

También seremos capaces de:
- apreciar cómo el idioma se ajusta para cumplir con las necesidades de sus hablantes
- distinguir entre los diferentes niveles de fuerza ilocucionaria y grados de formalidad

Nuestra tarea final: UN EMAIL

¡Déjate volar!

El ritmo de la vida moderna. ¿Qué imágenes te vienen a la mente cuando piensas en este tema? Dibújalas o encuentra una foto y pégala. Debajo, escribe una lista de palabras que asocias con tu imagen.

Actividad 1 Indica si asocias las siguientes características con Barcelona en 1910 o 2010. Después, compara tus opiniones con un compañero de clase.

Barcelona en 1910   Barcelona en 2010

	Barcelona en 1910	Barcelona en 2010
autobuses públicos		
ropa formal		
actividades al aire libre		
comida rápida		
estudios de yoga		
centros comerciales		
educación universitaria para todos		
teléfonos celulares		
amas de casa		
ansiedad y estrés		

¿Qué más asocias con Barcelona en 1910 y Barcelona en 2010? Escribe al menos dos cosas para cada año.

Barcelona en 1910	Barcelona en 2010

Actividad 2 En parejas, discutan las siguientes imágenes.
- ¿Qué está pasando en cada foto?
- ¿Qué les dice sobre nuestra sociedad?
- ¿Cuáles son los rasgos positivos y negativos de cada situación?

#1

#2

#3

#4

#5

#6

#7

#8

Entrando en materia: La vida universitaria

Actividad 1 Piensa en la vida universitaria. ¿Qué cosas, ideas y actividades asocias con la universidad? Completa el siguiente mapa semántico con tus ideas, usando un diccionario si lo necesitas. Puedes incluir sustantivos, verbos, adjetivos, etc.

Tema 1: _El campus_____
- _____
- _____
- _____

Tema 4: _____
- _____
- _____
- _____

La Universidad

Tema 2: _____
- _____
- _____
- _____

Tema 3: _____
- _____
- _____
- _____

Actividad 2 Ahora, usando vocabulario de tu mapa semántico, escribe una descripción de la Universidad de Texas.

_____
_____
_____
_____
_____
_____

Lee los siguientes comentarios de tres estudiantes universitarios. Usando esta información (y tu imaginación), conecta cada persona con su comentario. Después, escribe una descripción de cada uno de estos estudiantes universitarios. Puedes describir su personalidad, sus pasatiempos, su apariencia física, etc.

1. "Para un día de clases normal paso de cuatro a cinco horas estudiando."

2. "Encontrar un equilibrio es la clave. Hay que asistir a clase, alimentarse bien, hacer ejercicio, dormir lo suficiente, descansar y divertirse."

3. "No soy un estudiante tradicional. He decidido regresar a la universidad para tener más opciones profesionales."

(comentario #____) _____

_____

_____

_____

_____

(comentario #____) _____

_____

_____

_____

_____

(comentario #____) _____

_____

_____

_____

_____

Haz los siguientes ejercicios relacionados con los estudiantes y las finanzas.

Antes de leer Piensa en algunos aspectos financieros de una educación universitaria. Haz una lista de dos ventajas y desventajas económicas de obtener un título universitario.

ventajas	desventajas
1. tiee muchas opportunides de trabajo	1. trene mas deuda con interes
2. tiene ingresos	2. necesita pagar
	deudas y cuesta mucha Dinero

Lectura Lee el siguiente artículo sobre los préstamos estudiantiles en EEUU y subraya todos los consejos que encuentres.

<u>Los préstamos estudiantiles en EEUU</u>

Por fin te gradúas, y luego ¿qué te espera? Si eres como miles de recién graduados, <u>te aguarda un montón de préstamos estudiantiles que vas a tener que pagar</u>. Son varias las razones por las que los estudiantes solicitan estos préstamos, pero una cosa queda clara: en el momento de hacer frente a la cuota mensual, más de uno se va a preguntar si el conseguir una carrera universitaria realmente merece la pena. La verdad es que sí. En general, en el transcurso de tu vida laboral un diploma de Bachelor's va a representar $2.1 millones de ingresos, y un diploma de Master's, aproximadamente $2.5 millones.

No obstante, hay unas cosas que debes considerar cuando vayas a devolver los préstamos.

- <u>Revisa los préstamos y haz un plan para empezar a pagarlos.</u>
- Consolida las deudas estudiantiles y fija el interés hasta terminar de pagarlas. Pero ten en cuenta que una vez que hayas consolidado tus préstamos, no tendrás la opción de refinanciar este interés. Es preferible que te comuniques con el Departamento de Educación para <u>informarte de tus opciones.</u>
- <u>Recuerda incluir tus préstamos en el momento de hacer la declaración de impuestos. Puedes reclamar el interés como deducción pero debes mantener un registro de tus pagos e interés.</u>
- <u>No juntes las deudas estudiantiles con tu pareja porque te puede ocasionar problemas en el futuro.</u>
- <u>Si se te dificulta hacer tus pagos, comunícate con tu acreedor para tratar de establecer un acuerdo de pagos. Te ayudarán a buscar opciones, tal como aplazamiento de pagos. Lo importante es que tus deudas no sean trasladadas a una agencia de cobro y que tu crédito no sufra por falta de pagos.</u>

- Si quieres obtener otro diploma, no lo pospongas simplemente porque ya tienes una deuda estudiantil. Indaga si la universidad tiene becas que puedes solicitar y lo que tienes que hacer para pedirlas. También puedes usar sitios informativos en el Internet.

Has hecho una gran inversión en tu futuro con una carrera universitaria. Verás que a la larga, esos préstamos que sacaste, merecieron la pena.

Después de leer   Busca las siguientes palabras en la lectura. Conéctalas con sus definiciones, basándote en el texto.

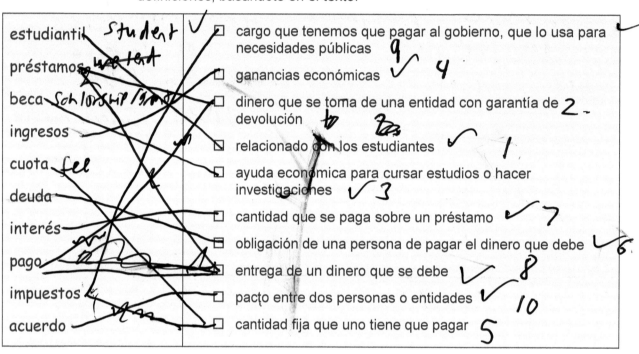

estudiantil   *student*
préstamos
beca   *scholarship*
ingresos
cuota   *fee*
deuda
interés
pago
impuestos
acuerdo

☐ cargo que tenemos que pagar al gobierno, que lo usa para necesidades públicas
☐ ganancias económicas
☐ dinero que se toma de una entidad con garantía de devolución
☐ relacionado con los estudiantes
☐ ayuda económica para cursar estudios o hacer investigaciones
☐ cantidad que se paga sobre un préstamo
☐ obligación de una persona de pagar el dinero que debe
☐ entrega de un dinero que se debe
☐ pacto entre dos personas o entidades
☐ cantidad fija que uno tiene que pagar

Ahora, escoge los tres consejos que consideras más importantes del artículo anterior y escribe lo que le puede pasar a una persona si NO sigue estos consejos.

1. Si una persona no _revisa y haz un plan para empezar a pagarlos, una persona tiene más deuda._

2. Si una persona no _recuerda incluir sus préstamos, una persona tiene mal credito_

3. Si una persona no _acuerda ano juntes las deudas estudiantil con di parega, ~~una persona~~_

~~tiene mas problemas~~ porque ellos no tienen mucho dinero y hacen muchos

problemas

_____

_____

"I'D LIKE TO PAY BACK MY STUDENT LOANS NOW, IF YOU'LL LEND ME THE MONEY TO DO IT."

_____

_____

_____

_____

_____

_____

_____

"Hello, Ma'am. I'm a College graduate selling vacuum cleaners door to door to help pay for the fortune I borrowed to take a course that had nothing to do with selling vacuums... and how are you doing?"

Hola señora. Soy _____ vendiendo aspiradoras puerta a puerta _____ ayudar a _____ la fortuna que pedí _____ para tomar un curso que no _____ nada que ver con _____ aspiradoras... y ¿_____?

Actividad 6 En parejas, discutan los siguientes temas.

- las cosas más importantes en el momento de escoger una universidad
- las cosas favoritas de los estudiantes (y por qué les gustan tanto)
- los costos de asistir a la universidad
- las similitudes y diferencias entre tu universidad y otra que conoces

En parejas, discutan los gráficos a continuación. Después, escriban una interpretación de la información presentada en los gráficos.

Ingresos

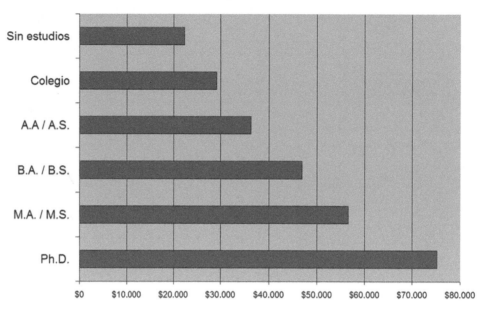

Con un título universitario, _____

_____ .

Tasa de desempleo

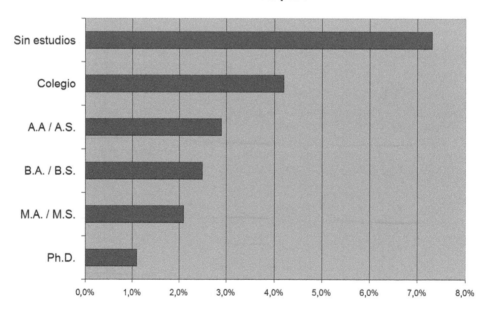

_____

_____ .

Costos anuales de la educación universitaria

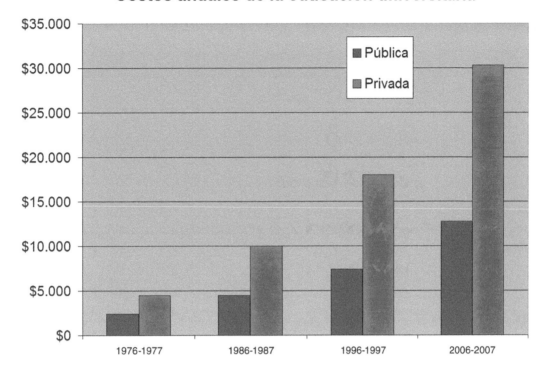

Becas y préstamos universitarios

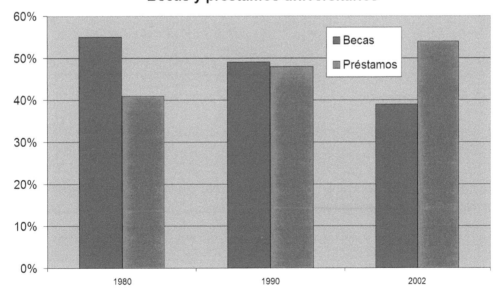

Actividad 8 Vas a escuchar un mensaje informativo sobre cómo elegir una universidad. Debajo hay una lista de factores que se deben considerar. Para cada factor, apunta (*jot down*) algunos detalles que se mencionan en el anuncio.

CÓMO SELECCIONAR UNA UNIVERSIDAD
Costo:
Apoyo financiero:
Pequeña o grande:
Ubicación:
Imagen de calidad:
Acreditación:
Dificultad de admisión:

Ahora, discute estos factores con un compañero y traten de llegar a un acuerdo sobre cuáles son los dos factores más importantes.

Factor	¿Por qué es muy importante?
1.	
2.	

¡Gramaticando! Los mandatos informales

Paso 1: Descubriendo la gramática...

Actividad 1 Los consejeros de la universidad han escrito este documento para ayudar a los nuevos estudiantes. Léelo y subraya todos los mandatos.

- ✓ ¡Organízate! Compra un calendario o agenda electrónica.
- ✓ Tus clases son muy importantes. ¡No las pierdas!
- ✓ Conoce a los otros estudiantes en tu residencia estudiantil.
- ✓ Sé honesto con tus amigos. Si tienes que estudiar, diles que no puedes salir con ellos.
- ✓ Ve al gimnasio al menos tres veces a la semana.
- ✓ Elabora un presupuesto y síguelo.
- ✓ Duerme al menos ocho horas por la noche. No duermas en clase.
- ✓ Come saludablemente. No comas tantas hamburguesas.
- ✓ Solo visita a tus profesores durante sus horas de oficina. No los visites en otras horas.
- ✓ Pasa tiempo con tus nuevos amigos, pero no salgas todos los fines de semana.

Basándote en los ejemplos de arriba, contesta las siguientes preguntas para descubrir cómo se forman los mandatos informales.

1. Subraya tres verbos regulares (*e.g.* "visitar", etc.). ¿En qué forma se conjugan estos mandatos informales afirmativos?

    a) En la 2ª persona singular del presente
    b) En la 3ª persona singular del presente

2. Ahora, subraya tres mandatos negativos (precedidos por "no"). ¿Qué diferencias hay entre los mandatos informales negativos y afirmativos?

mandatos informales negativos are in
Subjunctive present form tu

3. Observa la letra "g" en el ejemplo "no salgas" en el último consejo arriba. Basándote en este ejemplo, ¿en qué forma se basa la conjugación de los mandatos informales negativos?

    a) En la 1ª persona singular del presente
    b) En la 2ª persona singular del presente

errir → as
and → es
sitm yo
salir
form drop O

Capítulo 1: El ritmo de la vida

13

Aat regnodore du commdsi n

✍ MI REGLA ✍ *su borncore*

Actividad 2 Hay tres mandatos informales afirmativos **irregulares** en el documento en la
Actividad 1.   ¿Los puedes encontrar?

1. ___ *ve* ___   2. ___ *sé* ___   3. ___ *di* ___

👍 PISTA CALIENTE 👍

Para recordar los mandatos de "tú" afirmativos irregulares, recuerda esta oración...

LADY DI HAZ SEVEN TO TEN PONIES IN HER SALON

mandatos informales afirmativos	infinitivo
di	decir
haz	hacer
sé	ser
ve	~~ver~~ ir
ven	venir
ten	tener
pon	poner
sal	salir

Solo hay 5 mandatos de "tú" negativos irregulares:

mandatos informales negativos	infinitivo
no seas	ser
no estés	estar
no vayas	ir
no veas	ver
no des	~~decir~~ dar

Actividad 3 Ahora, busca pronombres (de complemento o reflexivos) en la misma lista de consejos y escribe una regla para la colocación (*placement*) de los pronombres.

✎ MI REGLA ✎

¿Dónde se ponen los pronombres de complemento y los pronombres reflexivos cuando se usan con mandatos?

Si el mandato es afirmativo, el pronombre se pone ___after___ del verbo.

Si el mandato es negativo, el pronombre se pone ___before___ del verbo.

Paso 2: Practicando la gramática...

Actividad 1 Una estudiante de primer año necesita tu ayuda. Usando la lista de expresiones abajo, escribe nueve mandatos para darle consejos a la estudiante.

comprar tus libros en el Co-op
ir a la biblioteca cada semana
no tomar el autobús
no comer en la cafetería
hacer tu tarea todos los días
llegar a clase a tiempo
no salir de tus clases temprano
buscar un tutor si necesitas ayuda
matricularte temprano

1.	Compra tus libros en el Co-op
2.	Ve a la biblioteca cada semana
3.	No tomes el autobús
4.	No comas en la cafetería
5.	Haz tu tarea todos los días
6.	Llega a clase a tiempo
7.	No salgas de tus clases temprano
8.	Busca un tutor si necisitas ayuda
9.	Matricúlate temprano

Actividad 2 Imagínate que estás en la oficina de tu profesor/a de español. Él/Ella va a darte unos consejos para aprovechar mejor tu clase. Mientras escuchas, escribe todos los mandatos que oyes.

Mandatos:

Actividad 3 ¿Te han parecido aburridos los consejos de tu profesor/a? Escribe tu propia lista de consejos para un nuevo estudiante. Debes incluir:

- cinco consejos para divertirse
- justificaciones de cada consejo

	consejo	justificación
ej:	*¡Compra un boleto para SXSW!*	*Es una experiencia única.*
1		
2		
3		
4		
5		

Actividad 4 Imagínense que están en estas situaciones. Todos estos estudiantes tienen un problema. En parejas, hagan un juego de roles apropiado para cada situación. Sigan el ejemplo y cambien de rol. Incluyan algunos mandatos.

EJEMPLO

Estudiante #1: Tengo un dolor de cabeza horrible y mañana tengo un examen final. ¡Qué horror!

Estudiante #2: Pues, toma una aspirina y descansa.

Situación #2

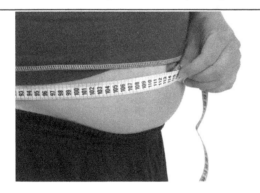

Situación #3

Situación #4

Situación #5

Situación #6

Actividad 5 Tienes que darle consejos a un amigo sobre la vida universitaria. Combina las siguientes palabras para formar oraciones correctas y lógicas. A veces vas a tener que agregar o adaptar palabras. ¡Cuidado con la concordancia!

1. Hacer / ejercicio / por la mañana / para / tener / más / energía.

   Haz ejercio ejercicio por la mañana
   para tene mas energia

2. No / ir / fiestas / todo / fines de semana / si / querer / sacar / buenas notas.

   no vayas las fiestas todos los fines de
   semana si quues sacar Luenas notas

3. Si / vivir / residencia, / comer / cafetería / porque / la comida / ser / más / barato.

   Si vives en ata la residacia come
   en la cafettía Porme la comida es mas barato

4. Es importante / comunicarse / consejero / de vez en cuando. / No / tener / miedo / de / hablar / sobre / tu / problemas.

   Es imporsonde como se Comunicare a du
   consejro cuando de vz en cuanto.

Actividad 6 Teresa está muy enferma con la gripe porcina (H1N1) y su compañera de cuarto le da unos consejos. El siguiente párrafo contiene 5 errores. Identifica y corrígelos.

Teresa, no preocúpate. La gripe solo va a durar una o dos semanas. No llame a tus padres porque se van a poner nerviosísimos y yo te puedo ayudar con casi todo. Primero, dame los nombres de tus profesores y yo les envío un mensaje explicándoles que estás muy enferma. Y déjeme ayudarte con tu tarea. Te puedo leer todas las páginas de tus libros en voz alta. Pero, me promete una cosa... Si no te sientes mejor en 2 o 3 días, visita al doctor, por favor. Y lo más importante...¡Yo no quiero enfermarme! Entonces lávate las manos y no toces nada en el apartamento.

Actividad 7 Imagínate que tu compañero de cuarto es un estudiante extranjero y tienes que darle instrucciones para llegar a varios destinos, ya que no conoce ni la ciudad ni el campus. Usa el mapa de la Universidad de Texas en Austin y dale instrucciones para llegar:

- de la Torre a Jester
- de una clase en Benedict Hall a Einstein's
- del Co-op a la biblioteca
- del estadio a la Unión

---

vocabulario útil:

verbos: caminar / conducir / doblar / parar / cruzar / seguir recto / continuar / tomar

sustantivos: derecha / izquierda / cuadra / esquina / carretera / fuente / calle / autobús / edificio

---

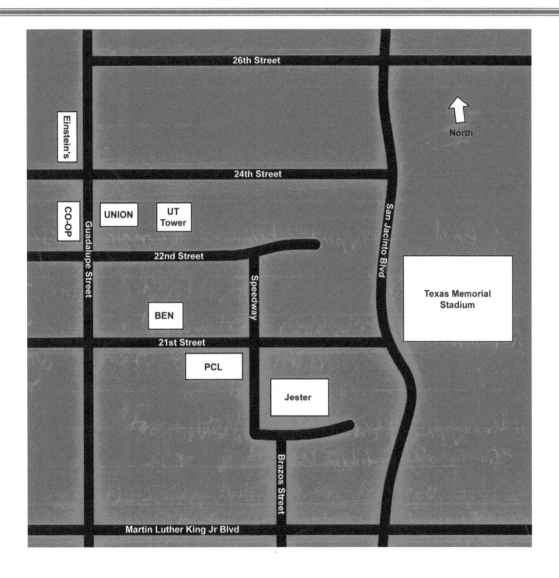

Actividad 8 Vas a preparar un folleto [*pamphlet*] para la Universidad de Texas. Escribe al menos dos párrafos describiendo la vida universitaria en U.T. y dándole consejos a un nuevo estudiante. Incluye nuevo vocabulario y usa varias estructuras para dar consejos. Usa el siguiente recuadro si necesitas ayuda.

mandatos informales / necesitar + inf / deber + inf / tener que + inf
es necesario + inf / es importante + inf / hay que + inf

Consejos para sobrevivir 4 años en la universidad

_____

_____

_____

_____

_____

_____

_____

_____

_____

_____

_____

_____

_____

_____

_____

_____

_____

_____

_____

_____

_____

Paso 3: Reflexionando sobre la gramática...

Actividad 1 Toma la siguiente mini-prueba para probar tus conocimientos de los mandatos informales.

1. For regular affirmative informal commands, I use the "_____" form of the _____ tense.

2. For regular negative informal commands, I start with the "_____" form of the _____ tense, drop _____ and add _____ + "s".

3. The irregular affirmative informal command forms are: *pon, ten, ven,* _____, _____, _____, _____, _____.

4. I must use subject pronouns with commands. _____ T _____ F

5. Object pronouns and reflexive pronouns are placed _____ affirmative commands but _____ negative commands.

Actividad 2 Basándote en tu rendimiento en las actividades y la mini-prueba, completa la siguiente auto-evaluación.

	excellent	good	weak
My understanding of informal command conjugation for regular verbs is...			
My understanding of informal command conjugation for irregular verbs is...			
My understanding of pronoun usage with commands is...			

Actividad 1 Lee la siguiente definición que se encuentra en una enciclopedia y, basándote en el contexto, traduce las cinco palabras subrayadas al inglés. Trata de hacerlo sin usar un diccionario.

Consumismo

¿A qué se refiere el término "consumismo"? Generalmente, se usa para expresar los efectos de satisfacción que siente una persona al comprar bienes y servicios. Ese gusto se encierra en la conocida frase *Entre más consumo, más feliz me siento.*

Pero consumismo también se aplica al consumo excesivo de bienes y servicios que impacta negativamente el equilibrio ecológico. Desafortunadamente, si se aplicara a todo el planeta el consumo de recursos de Estados Unidos, ¡harían falta otros dos planetas iguales a la Tierra para poder sustentar ese consumo mundial!

Hacia principios del siglo XX surgió la noción del consumismo, y durante todo el siglo fue creciendo debido al capitalismo y la mercadotecnia asociada cuyos objetivos incluyen crear nuevas necesidades en el consumidor para aumentar la venta de productos.

Un resultado del consumismo es el término antropológico "sociedad de consumo" que hace referencia al consumo masivo de productos y servicios por una sociedad determinada. Pensando en los recursos naturales, si este término se aplica en su mayoría al mundo occidental, ¿habla bien o mal de nosotros? la parte

español	término	sustentar	debido a	aumentar	occidental
inglés	end	to support	becaused	to increase	Western

En tus propias palabras, contesta las siguientes preguntas:

1. ¿Qué significa "consumismo"?

    Consumeism

    Un plan a que quue compar cosas

2. ¿Por qué se puede decir que el consumismo es un problema grave en EEUU?

    problemas pra el ecologico el mucho gran

    de recursos de Estados unidos

3. ¿Cuál es el propósito de la mercadotecnia (o "marketing")?

    crear huern ha sdades

    para que la gente compra nas cosas

    crear nueva necesidades en el consumidor

Lee el siguiente blog sobre el consumismo y contesta las preguntas.

vosotros

ConsumoBLOG

¿Qué pensáis del consumismo?

Hola: Me parece que hay muchas opciones. Me ponen de mal humor el consumismo y sus consecuencias. Sobre las alternativas.... tú decides. Un abrazo :)

Pienso que es una frivolidad que en la actualidad la mayoría de la gente piense: "tanto tienes tanto vales". Lo peor del consumismo es el gasto de dinero en puras tonterías que crean un vacío espiritual muy grande en los consumidores insaciables. La felicidad no está en lo que se tiene sino en lo que somos nosotros. La gente menos espiritual, curiosamente, es la que más cosas posee. Es como si llenaran el vacío que tienen con cosas materiales en lugar de cambiar su manera de vivir.

El consumismo, la atracción por lo material, nos conduce a un vacío interno profundo que se transforma por lo general en adicciones y enfermedades tales como depresión, ansiedad, obesidad, dogrodependencia, violencia, etc.

¿Cómo podría criticar el consumismo, cuando yo soy el rey?
Es cierto que la sociedad cada vez tiene más caos, pero quizás el consumismo es un bien necesario para los pilares de nuestra economía aunque los valores son cada vez más menospreciados e ignorados. ¡Debemos buscar el equilibrio!

1. Mira el título. ¿De qué país proviene este blog? ¿Cómo lo sabes? _es de españa_
España porque usa la forma para sois vosotros

2. ¿A quiénes están hablando estos blogueros? _hablando a los otros blogueros_
personas en españa

3. Lee otra vez el primer comentario. ¿Está escrito en un registro (informal) o formal?
¿Qué aspectos del lenguaje te indican esto? _es informal porce_
informal usan enstrera, use tu y un abrazo

4. ¿Cuál de los comentarios te parece más impersonal? ¿Por qué? _____
el tercer parral no propriaxpercia
ejemplos las palabras mas grandes

Ahora escribe tu propio comentario en el cual respondes a uno de los blogueros.

_El consumismo tiene problemas y es una
solucion, la contaminacion es un problema
pero la gente puede coger otras cosas_

Actividad 3   Lee los siguientes consejos sobre los niños y el consumismo, y subraya todos los mandatos informales que encuentres.

Niños, dinero y consumo

No importa la situación económica que se viva en cada familia, en algún momento todas sufren por satisfacer los deseos de sus hijos, desde niños a adolescentes. ¿Cómo enseñarles que el dinero no cae del cielo, que deben ganarlo y que gastarlo implica ser responsables?

Comienza a involucrar a los niños en el uso del dinero en cuanto puedan contar. La observación y repetición son dos tácticas importantes para que los niños aprendan a ser ahorrativos. Mientras van creciendo, transmíteles tus valores referentes al dinero – cómo ganarlo, cómo ahorrarlo y, lo más importante, cómo gastarlo prudentemente. Al igual que en otros aspectos de la vida, tu ejemplo es la mejor escuela. Ayúdalos a comprender la diferencia entre necesidad y capricho. Esto los preparará para que sean consumidores responsables y tomen buenas decisiones de gastos en el futuro. Lleva a los niños al banco a abrir su propia cuenta de ahorro. Aunque comenzar temprano el hábito de ahorro regular es una de las claves del ahorro exitoso, no les prohíbas gastar una parte de sus ahorros si desean comprar algo, porque podría desmotivarlos por completo. Pon como ejemplo las compras diarias para enseñarles el valor del dinero. Un viaje al supermercado es a menudo la primera experiencia que tienen. Para ayudar a los niños a entender la necesidad del ahorro, muéstrales cómo planificar compras con anticipación haciendo una lista de las necesidades, buscando ofertas y comparando precios.

Ahora, menciona un consejo del artículo con el cual estás de acuerdo y otro con el cual no estás de acuerdo, y explica por qué.

consejo	mi postura	¿por qué?
	estoy de acuerdo	
	no estoy de acuerdo	

Actividad 4   En parejas, discutan los siguientes temas relacionados con los niños, el dinero y el consumo. Trata de pensar en los aspectos positivos y negativos de cada uno.

- la costumbre de recibir muchos regalos en los cumpleaños, la Navidad, etc.
- la paga (*allowance*) para los niños muy jóvenes
- los videojuegos y aparatos electrónicos caros
- la costumbre de traer teléfonos celulares y iPods a la escuela

Actividad 5 Escribe una lista de palabras que asocias con la siguiente tira cómica y una descripción inventada de las dos mujeres (personalidad, profesión, intereses).

"Sé que el dinero no da la felicidad; ¡por eso uso las tarjetas de crédito!"

© www.CartoonStock.com

Palabras

- _____
- _____
- _____
- _____
- _____
- _____

Descripción de las dos mujeres:

Actividad 6 Ahora vas a escuchar 10 oraciones dirigidas a las dos mujeres en la foto. Indica la función de cada una.

	1	2	3	4	5	6	7	8	9	10
describir en el presente										
narrar en el pasado										
comparar										
hacer una pregunta										
dar consejos										

Actividad 7 Tu instructor/a va a leer 10 definiciones. Para cada una, escribe la palabra que se define.

1. _____
2. _____
3. _____
4. _____
5. _____

6. _____
7. _____
8. _____
9. _____
10. _____

Actividad 8 Ahora vas a hacer un dictado (*dictation*). Vas a escuchar 6 oraciones, las cuales vas a escribir palabra por palabra.

1. _____

_____

2. _____

_____

3. _____

_____

4. _____

_____

5. _____

_____

6. _____

_____

¡Gramaticando! Los mandatos formales y plurales

Paso 1: Descubriendo la gramática...

Actividad 1 Lee los siguientes anuncios y presta atención a los verbos subrayados. Después, analiza las formas y escribe tu propia regla para los mandatos formales y plurales.

¡**Compre** ahora. **Pague** después con crédito fácil!

Condiciones de crédito: Los cargos por financiamiento se acumulan a partir de la fecha de compra con la tasa regular para compras vigente en forma periódica. **Consulte** la oferta específica para conocer los detalles. La tasa de porcentaje anual para compras es el 22,99%. **No deje** de pagar a tiempo porque la tasa de porcentaje anual por incumplimiento es el 26,99% (las tasas pueden variar). **Lea** el contrato de la tarjeta para más detalles.

¡Super Bowl de alta definición!

Elijan el televisor perfecto para su fiesta de Super Bowl. **Compren** cualquier TV HD desde $800 y **obtengan** un certificado de regalo de $200. Les podemos ayudar a encontrar todo lo que necesitan para configurarlo en cuanto lo lleven a su casa:

- **Mónten**lo con un soporte con construcción sólida de acero grueso con acabado negro.
- **Conécten**lo con sólo un cable HDMI para vivir imagen y sonido en verdadera alta definición.
- **Protéjan**lo con un protector contra sobretensión que tiene 8 tomacorrientes codificados con colores.

✎ MI REGLA ✎

¿Cómo se forman los mandatos formales (Ud.) y plurales (Uds.)?

formal (Ud.): *usted form drop from ar → e, er/ir → a infinitive without s, don many sin (s)*

plural (Uds.): *ustedes form drop from ar → en er/ir → en stems en nel*

¿Hay una diferencia entre las formas de los mandatos afirmativos y negativos? sí ___ no ✓

usted es mas un n

Lee los siguientes consejos de un banco sobre lo que se debe hacer para ser responsable económicamente, y subraya los cuatro consejos más útiles.

- No preste dinero a sus amigos.
- Utilice una tarjeta de débito en vez de una tarjeta de crédito.
- Si puede evitarlo, no vaya al centro comercial.
- No gaste más dinero del que gana.
- No les dé demasiado dinero a sus hijos jóvenes.
- Sepa que sus hijos lo aman aun sin recibir muchas cosas materiales de usted.
- Lea los anuncios en el periódico antes de ir de compras.
- Sea una persona generosa, pero no preste dinero a parientes irresponsables.
- Venda cosas que no necesita en el Internet.
- Siempre pague al contado en vez de pagar a plazos.
- Esté preparado para los altos costos de la educación universitaria.
- Trate de usar cupones en el supermercado.
- Siempre busque una ganga.
- Abra una cuenta de ahorros o ponga dinero en otras inversiones.

Ahora, clasifica los verbos de la lista en las casillas abajo. Escribe los mandatos y sus infinitivos correspondientes.

verbos regulares	verbos con cambios ortográficos [car / gar / zar]	verbos irregulares
lea preste trate utilice abra gaste venda	bus busque ~~pague~~ pague	sea esté vaya sepa

🐚 MI REGLA 🐚

¿Cuáles son los mandatos formales y plurales irregulares?						
	ser	estar	ir	dar	saber	ver
Ud.	sea	esté	vaya	dé	sepa	vea
Uds.	sean	estén	vayan	den	sepan	vean

Paso 2: Practicando la gramática...

Actividad 1 Lee los siguientes mandatos y decide cuáles son formales.

¡Comience a ahorrar todo lo posible!

¡Solo use las tarjetas de crédito si la tasa de interés es buena!

¡Aprende a manejar bien el dinero!

¡Pídele ayuda a un consejero financiero!

¡Busque un compañero de cuarto para ahorrar dinero en el alquiler!

¡Lea con cuidado todas sus facturas antes de pagarlas!

Para evitar problemas, ¡paga el mínimo requerido por las tarjetas!

¡Invierte dinero en compañías grandes y exitosas como AT&T!

Actividad 2 Vuelve al artículo "Niños, dinero y consumismo" en la página 24. Imagínate que tienes que reescribir este artículo usando un registro formal. Busca todos los mandatos informales en el texto y cámbialos a mandatos formales.

Mandatos informales (texto original)	Mandatos formales (texto editado)
1.	
2.	
3.	
4.	
5.	
6.	
7.	

Actividad 3 Imagínate que eres Suze Orman y tienes que darle consejos financieros a una audiencia grande en Chicago. Llena los espacios con los mandatos en plural de los verbos más lógicos de la lista.

alquilar	gastar
comprar	acudir
ir	escribir
invertir	tener
empezar	ser
usar	pedir

"Si piensan comprar una casa, _Empiecen_ a ahorrar dinero ahora para tener un mayor pago inicial."

"Nunca _alquilen_ un coche, ya que al final terminarán pagando más."

"Solo _Pidan_ prestado dinero si la tasa de interés es menos del 15%."

"_Escriban_ un testamento para evitar problemas. Será mucho más fácil para sus hijos."

"No _Vayan_ de vacaciones si no pueden pagar en efectivo. Por favor, ¡no _Usen_ tarjetas de crédito!"

"No _inviertan_ su dinero en valores riesgosos si lo van a necesitar en menos de 5 años."

"_Sean_ paciencia. Su puntaje de crédito va a mejorar, pero lentamente."

Actividad 4 Estás en el autobús cuando lees este cartel. El escritor se equivocó. Ayúdale a corregirlo.

> # Por favor no cruzen delante del autobús.
> ## Utilizen los pasos de peatones
> ## y los semáforos.

Actividad 5 Cada estudiante va a darle un mandato a la clase entera y la clase va a seguir sus instrucciones (*e.g.* ¡levántense!, ¡corran a la pizarra!). ¡Sean creativos y diviértanse!

Actividad 6 Crea tu propio anuncio (para una tienda, un producto, un servicio, etc). Incluye al menos dos mandatos formales o plurales.

Actividad 7 Ahora vas a darles consejos a las personas en las siguientes fotos para practicar todos los mandatos que has aprendido. Primero, indica cuál es la forma apropiada (tú, usted o ustedes). Después, escribe un mandato afirmativo y un mandato negativo para cada foto.

Forma apropiada: **tú** **usted** **ustedes**

[+] _____

[–] _____

Forma apropiada: **tú** **usted** **ustedes**

[+] _____

[–] _____

Forma apropiada: **tú** **usted** **ustedes**

[+] _____

[–] _____

Forma apropiada: **tú** **usted** **ustedes**

[+] _____

[–] _____

Actividad 1 Toma la siguiente mini-prueba para probar tus conocimientos de los mandatos formales.

1. Affirmative Ud. / Uds. commands are conjugated differently than negative Ud. / Uds. commands. _____ T _____ F

2. For regular Ud. / Uds. commands, I start with the "_____" form of the _____ tense, drop _____ and add _____.

3. The following verbs have irregular Ud. / Uds. commands: dar, ir, _____, _____, _____, _____.

4. I must use subject pronouns with commands. _____ T _____ F

5. Object pronouns and reflexive pronouns are placed _____ affirmative commands but _____ negative commands.

Actividad 2 Basándote en tu rendimiento en las actividades y la mini-prueba, completa la siguiente auto-evaluación.

	excellent	good	weak
My mastery of formal and plural command conjugation for regular verbs is...			
My mastery of formal and plural command conjugation for irregular verbs and verbs with spelling changes is...			
My understanding of pronoun usage with commands is...			

Entrando en materia: La tecnología y el estrés

Actividad 1 En tus propias palabras, explica el mensaje del dibujo y ponle un título creativo.

© www.CartoonStock.com

_____

_____

_____

_____

_____

_____

_____

título:

Actividad 2 Contesta las siguientes preguntas y decide si eres tecnoadicto.

_____ sí _____ no   Consulto mi email al menos 4 veces al día.

_____ sí _____ no   Me siento nervioso/a si olvido mi teléfono celular en casa.

_____ sí _____ no   Gasto mucho dinero en tecnología.

_____ sí _____ no   Me gusta tener el último modelo de móvil.

_____ sí _____ no   Escucho mis MP3s mientras estoy en la escuela o en el trabajo.

_____ sí _____ no   Navego en Internet en el autobús.

_____ sí _____ no   Mando más de 10 mensajes de texto al día.

_____ sí _____ no   Uso Facebook y Twitter todos los días.

_____ sí _____ no   Tengo dos o más computadoras en casa.

** Más de 5 respuestas afirmativas... ¡eres un tecnoadicto! **

Actividad 3 Haz los siguientes ejercicios relacionados con la tecnología y el estrés.

Antes de leer ¿Cuáles son algunas causas del estrés hoy en día? Apunta las 4 que, en tu opinión, son las más comunes.

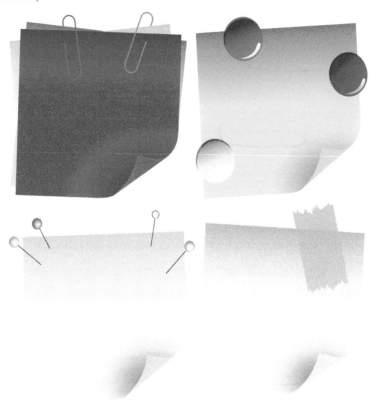

"Tecno-estrés": ¿Qué crees que es? Antes de leer el artículo, escribe tu propia definición.

Tecno-estrés = _____

_____

_____

_____

_____

_____

Lectura: Paso 1 Lee el siguiente artículo y pon un círculo alrededor de diez cognados.

EL TECNO-ESTRÉS

La obsesión por adquirir la última moda en aparatos electrónicos como teléfonos celulares, computadoras y videojuegos y, particularmente, la falta de conocimiento de su funcionamiento correcto han dado como resultado el llamado *tecno-estrés,* enfermedad que a su vez está ligada con el Síndrome de *Burnout* o de agotamiento. Este desgaste profesional, generado por el uso continuo y abundante de la tecnología, está causando deterioros sobre todo entre la población de los 25 a 55 años.

Según el Dr. Juan Francisco Hernández del Bosque, director del Centro Nacional Epidemiológico, los más afectados son los adultos de edad intermedia. Este grupo es más propenso a sufrir trastornos de ansiedad porque se siente intimidado por compañeros de trabajo más jóvenes que se adaptan fácilmente a los cambios tecnológicos del mercado. Desde niños, las nuevas poblaciones laborales tuvieron acceso a aparatos de alta tecnología y crecieron a la par que estos aparatos evolucionaban. Los adultos de edad mediana, por otro lado, ni siquiera se imaginaban de pequeños que un día dependerían de la electrónica para realizar su trabajo.

Estudios recientes calculan que un 25% de las personas que sufren estrés padece tecno-estrés. Sin embargo, como es un trastorno bastante nuevo, todavía faltan resultados exactos que constaten la cantidad de personas que lo sufren y la severidad de sus efectos. Por el momento se recomienda que, para combatir los efectos negativos del tecno-estrés, hay que estar al día con los sistemas y programas computacionales. También se debe estar atento a los primeros síntomas: nerviosismo, giros repentinos de carácter, irritabilidad, malestar y aislamiento. Además, hay que fijarse en cualquier otro síntoma que cause conflictos en el trabajo, ya sea con los compañeros o superiores, o con la familia.

Otro grupo que también empieza a dar señales de sufrir tecno-estrés es la población estudiantil de la secundaria y preparatoria. A diferencia de los adultos, estos jóvenes no se sienten intimidados por la tecnología en el mundo laboral, sino que están obsesionados por poseer cualquier dispositivo electrónico que salga al mercado—cuanto más novedoso, más atractivo.

Por supuesto, no hay que olvidar que junto al trastorno sicológico, el tecno-estrés puede causar importantes desgastes físicos. Se les aconseja tanto a hombres como mujeres que se pongan al día con la tecnología cambiante del siglo XXI para así evitar situaciones sicológicas muy estresantes. Recuerden: La nueva tecnología no se aprende de la noche a la mañana, pero con un poco de empeño todo es posible. Es importante no ser víctima del Síndrome de *Burnout,* ya que como el nombre implica, se quemarán.

Lectura: Paso 2 Ahora vas a escanear el artículo; es decir, vas a leerlo MUY rápido. Debajo, anota el tema de cada párrafo (una palabra o frase corta).

Párrafo 1: Una explicación básica del "tecno-estres"

Párrafo 2: sín tomas del "tecnos-estrês"

Párrafo 3: recomendaciones y sintomas generales

Párrafo 4: Los jovenes y el tecno-estrés

Párrafo 5: La imporoncia de aprnder las nuevas tecnologias

Lectura: Paso 3 Ahora que sabes los temas de cada párrafo, lee el artículo un poco más despacio y escribe un resumen (de una o dos oraciones) del contenido de cada párrafo.

Párrafo 1: Hay muchas persands que siempre quiera tener los dispositivos tecnológicas novedosos

Párrafo 2: Los adultos padecen más de este estrés porque es estresante tener que aprader las nuevas tecnologías

Párrafo 3: Es buena idea prestar atención a los síntomas del tecno-estrés

Párrafo 4: Es menos común que los jóvenes sufran del estrés tecnológico

Párrafo 5: Si intentas aprnder sobre las nuevas tecnologías tú vas a ver que es posible no sufir tanto del tecno-estres

Después de leer   Contesta las siguientes preguntas de vocabulario y comprensión.

1. Basándote en el contexto, ¿cuál crees que es el equivalente en inglés de "falta" (en el primer párrafo)?

   a) feeling   b) lack   c) strength

2. Basándote en el contexto, ¿qué crees que significa "desgaste" (en el primer párrafo)?

   a) educación   b) malestar   c) aumento

3. Basándote en el contexto, ¿qué crees que significa "a la par" (en el segundo párrafo)?

   a) al mismo tiempo   b) aunque   c) después de

4. Basándote en el contexto, ¿cuál crees que es el equivalente en inglés de "estar al día" (en el tercer párrafo)?

   a) be outdated   b) spend a day   c) keep up to date

5. Mira la palabra "laboral" (en el cuarto párrafo). ¿A qué clase de palabras pertenece?

   a) sustantivo   b) adjetivo   c) preposición

6. Basándote en el contexto, ¿cuál sería un equivalente de "no hay que olvidar" (en el quinto párrafo)?

   a) no olvidas   b) no vas a olvidar c) no debes olvidar

7. Busca y <u>subraya</u> las frases en el artículo que significan lo mismo que las frases abajo.

1. resultado de una sobredosis de tecnología
2. estas personas padecen de nerviosismo con más frecuencia
3. ya que es un problema reciente
4. está comenzando a mostrar síntomas de tecno-estrés
5. es importante que ambos sexos aprendan la nueva tecnología

Actividad 4 El siguiente texto es una guía de compra que explica los componentes de una computadora. Identifica los componentes descritos [*described*] debajo.

| el monitor / la tarjeta de video / el procesador / el teclado y el ratón |
| el disco duro / el módem / la memoria RAM / el sistema multimedia |

✓ _____ es el dispositivo encargado de realizar todas las operaciones lógicas y matemáticas de la computadora. En términos generales podemos decir que entre mejor sea el microprocesador mejor será el funcionamiento de su computadora. En consecuencia, verifique que la computadora que va a comprar tiene un _____ de buena calidad como AMD o Intel a una velocidad de al menos a 2.4 GHz.

✓ _____ sirve para almacenar [*store*] en forma temporal los datos y programas que utiliza, para que la computadora no pierda tiempo accediendo constantemente al disco duro. Si necesita usar muchos programas al mismo tiempo o si va a manejar programas de diseño gráfico en su computadora, compre una computadora con más memoria: por lo menos 4GB (y si es posible, 8GB).

✓ _____ es responsable de la capacidad de almacenamiento [*storage*] de una computadora. Un _____ rápido también le ahorra tiempo y uno de gran capacidad le permite almacenar una gran cantidad de programas de software y archivos [*files*]. Por consiguiente, busque uno con tecnología Serial ATA de al menos 500GB.

✓ _____ es un dispositivo que transforma las señales digitales de la computadora en señal telefónica y viceversa, lo cual permite a la computadora transmitir y recibir información por la línea telefónica. Con un _____ rápido, puede transmitir y recibir faxes y navegar el Internet más rápido. Por eso, es recomendable tener uno de alta velocidad con tecnología de 56K.

✓ _____ transmite la información gráfica que debe aparecer en el monitor y determina la resolución y número de colores que puede manejar su computadora. Es aconsejable comprar una que pueda manejar una resolución de 1280 X 1024 pixeles a 32 bits.

✓ _____ consiste en la unidad lectora de CD-ROM, la tarjeta de sonido y las bocinas [*speakers*]. Este sistema le permite acceder a aplicaciones que contienen audio. Para muchas personas, esto es muy importante, así que compare todas las opciones.

✓ _____ determina la salud de los ojos de quienes usan la computadora, por lo que es importante tratar de comprar uno de 17 pulgadas mínimo.

✓ _____ deben tener un buen diseño ergonómico y no es recomendable tratar de economizar adquiriéndolos de baja calidad.

Ahora, lee el texto de nuevo e identifica todas las estructuras usadas para dar consejos.

Ej: Verifique que la computadora... (mandato formal)

- _____
- _____
- _____
- _____
- _____
- _____
- _____

Actividad 5 ¿Para qué necesitas una computadora? Escribe una lista de las cosas que haces en la computadora.

Ahora, haz un juego de roles con un compañero de clase. Imagínate que vas a una tienda para comprar una computadora. Explícale al vendedor para qué necesitas una computadora. El vendedor te va a dar consejos sobre la compra (los componentes que necesitas). Cuando terminen, cambien de rol.

Ejemplo:

Cliente: Buenas tardes. Me gustaría comprar una nueva computadora pero hay demasiadas opciones. ¿Me podría ayudar?

Vendedor: ¡Por supuesto! ¿Para qué necesita una computadora?

Cliente: Bueno, la uso todos los días para escribir mi tarea en "Word". Pero también me gusta jugar videojuegos como "Halo" y "Need for Speed".

Vendedor: Entonces, compre la computadora con la mejor tarjeta de video y monitor. También necesita tener memoria y un procesador rápidos. Además...

Actividad 6 Lee la tira cómica y contesta la pregunta correspondiente.

© Mike Baldwin / Cornered

"The article you sent me on how technology causes stress crashed my computer."

¿Has tenido alguna vez problemas con la tecnología? Escribe una lista de maneras (*ways*) en las que la tecnología te causa estrés.

1. _____

_____

_____

2. _____

_____

_____

3. _____

_____

4. _____

_____

Actividad 7 Escribe dos o tres opiniones a favor o en contra de la tecnología. Después, formen grupos y discutan sus opiniones.

1.
2.
3.

¡Gramaticando! El presente del subjuntivo:
Deseos y recomendaciones

Paso 1: Descubriendo la gramática

Actividad 1   Un grupo de estudiantes está pensando en sus vacaciones de primavera. Lee sus pensamientos, subraya todos los verbos y contesta las siguientes preguntas.

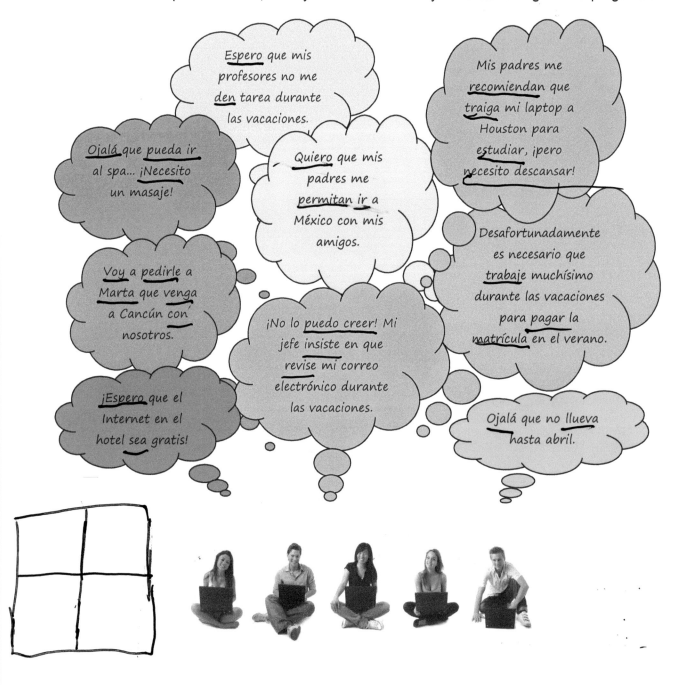

Espero que mis profesores no me den tarea durante las vacaciones.

Mis padres me recomiendan que traiga mi laptop a Houston para estudiar, ¡pero necesito descansar!

Ojalá que pueda ir al spa... ¡Necesito un masaje!

Quiero que mis padres me permitan ir a México con mis amigos.

Desafortunadamente es necesario que trabaje muchísimo durante las vacaciones para pagar la matrícula en el verano.

Voy a pedirle a Marta que venga a Cancún con nosotros.

¡No lo puedo creer! Mi jefe insiste en que revise mi correo electrónico durante las vacaciones.

¡Espero que el Internet en el hotel sea gratis!

Ojalá que no llueva hasta abril.

Capítulo 1: El ritmo de la vida

**Las oraciones complejas (*complex sentences*) contienen 2 cláusulas:
la cláusula principal (*main clause*) y la cláusula subordinada (*subordinate clause*).**

cláusula principal	cláusula subordinada
I hope	that my parents buy me a computer.
Espero	que mis padres me compren una computadora.

1. Haz una lista de todos los verbos que aparecen en las cláusulas principales en la página 42.

*espero, recomiendan, Ojalá, quiero,
voy, pedir, trabaje, pueda, creer, insiste*

2. ¿Qué función tienen todos los verbos y expresiones que aparecen en las cláusulas principales?
   a. describir, narrar o explicar
   b. expresar voluntad, deseo o necesidad *(circled)*
   c. hacer comparaciones o contrastar
   d. hacer hipótesis

3. ¿Qué palabra comienza la cláusula subordinada en todas estas oraciones? *que*

4. Ahora, mira los verbos en las cláusulas subordinadas. Este nuevo modo verbal se llama
   "el subjuntivo." ¿Te parece familiar? Su conjugación es muy similar a la de...
   a. el pretérito
   b. el imperfecto
   c. los mandatos formales *(circled)* ✓
   d. los mandatos informales *(circled)* ✓ *excepto tu afirmativo*

5. Basándote en los ejemplos en la página 42, ¿dónde se ponen los pronombres?
   a. antes del verbo conjugado en el subjuntivo *(circled)*
   b. después del verbo conjugado en el subjuntivo

🎣 **MI REGLA** 🎣

¿Dónde aparece el subjuntivo?
Usamos el subjuntivo en (cláusulas principales (cláusulas subordinadas)). *(cláusulas subordinadas circled)*
Usamos el subjuntivo para expresar _voluntad_, _deseo_ y _necesidad_.
La estructura de estas oraciones es: _cláusula principal_ + _que_ + _cláusula_ _subordinada_

❧ MI REGLA ❧

¿Cómo se conjuga el subjuntivo?

Comenzamos con ___yo___ , quitamos __o__ y añadimos _____ .

irregar arser

TRABAJAR: *Mis padres quieren que...*

yo	trabaje	nosotros	trabajemos
tú	trabajes	(vosotros)	trabajeis
él, ella , usted	trabaje	ellos, ellas, ustedes	trabajen

APRENDER: *Mis padres quieren que...*

yo	aprenda	nosotros	aprendamos
tú	aprendas	(vosotros)	aprendais
él, ella , usted	aprenda	ellos, ellas, ustedes	aprendan

VENIR: *Mis padres quieren que...*

yo	venga	nosotros	vengamos
tú	vengas	(vosotros)	vengáis
él, ella , usted	venga	ellos, ellas, ustedes	vengan

❧ MI REGLA ❧

Basándote en tu conocimiento de los mandatos, ¿cómo crees que se conjugan los siguientes verbos irregulares en el subjuntivo?

	ser	estar	dar	saber	ir	haber	ver
yo	sea	esté	dé	sepa	vaya	--	vea
tú	seas	estés	des	sepas	vayas	--	ver
él/ella/Ud.	sea	esté	dé	sepa	vayamos	haya	ver
nosotros	seamos	estemos	demos	sepamos	vayáis	--	veamos
ellos/ellas/Uds.	sea	estén	den	sepan	vayan	--	vea

Capítulo 1: El ritmo de la vida

Actividad 2   Compara las siguientes oraciones y contesta las preguntas a continuación.

a) Quiero comprarme un iPod.

2.   3

b) Quiero que mi padre me compre un iPod.

21   2

¿Cuántos sujetos gramaticales hay en la oración (a)? _____ ¿y en la (b)? _____

a) Mis abuelos quieren aprender a diseñar páginas Web.

b) Mis abuelos quieren que mi hermano les enseñe a diseñar páginas Web.

¿Cuántos sujetos gramaticales hay en la oración (a)? _1_ ¿y en la (b)? _2_

a) Necesito ser más optimista.

b) Necesito que mis amigos sean más optimistas.

¿Cuántos sujetos gramaticales hay en la oración (a)? _1_ ¿y en la (b)? _2_

⚑ MI REGLA ⚑

Subjem

¿Qué relación hay entre el número de sujetos y la forma verbal?
1. Se usa el infinitivo cuando ~~tener un~~ cuando 1 objeto .
2. Se usa el subjuntivo cuando ~~tener~~ cuando 2 sujetos .

Paso 2: Practicando la gramática

Actividad 1   Llena los espacios en blanco con las formas apropiadas de los verbos entre paréntesis.

1. Yo __espero__ (esperar) que mis padres __me compren__ (comprarme) un
   móvil para mi cumpleaños.

2. __~~Sea~~ es__ (ser) importante que los estudiantes __encuentren__
   (encontrar) un equilibrio entre los estudios y la vida social.

3. Mi novio __~~insiste~~__ (insistir) en que __le escriba__ (escribirle)
   mensajes de texto 5 veces al día.
   insiste

Capítulo 1: El ritmo de la vida

4. Nosotros _____ quieremos _____ (querer) que el empleado de Sears _____ no explique _____ (explicarnos) el funcionamiento de este aparato.

5. ¿Por qué siempre _____ me recomienda _____ (recomendarme) que _____ navegues _____ (navegar) en Internet en casa en vez de usar uno de los laboratorios de la universidad? ¿No te gustan los laboratorios?

te me recomiendas

Actividad 2 Combina las siguientes palabras para formar oraciones lógicas, prestando atención al número de sujetos. No te olvides de la concordancia, las preposiciones, etc.

1. yo / no querer / mis padres / venir / conmigo / Las Vegas

Yo no quiero que mis padres vengan conmigo a las Vegas

2. mis padres / necesitar / yo / arreglar / su / computadora

Mis padres necesita que yo arregle su computadora

3. mi / hermano menor / necesitar / aprender / usar / Powerpoint / este / fin de semana

Mi hermano menor necesita que apendan usar powepolut este fin de semana

4. voy / insistir / mi jefe / no / llamarme / por teléfono / durante / las vacaciones

Yo voy insistir las vacaciones Yo insisto que mi jefe no me llame

Mi jefe insiste que yo por telefono durante las vacaciones

5. ojalá / Best Buy / vender / ese / computadora / barato

Ojalá que Best buy venda una computadora barata

6. mis profesores / querer / Blackboard / funcionar / más rápido

me

Mis profesores quieren que funcione Blackboard más rapido

7. yo / esperar / mi / computadora / no / tener / un virus

Yo espero que mi computadora no tenga un virus

8. uno / necesitar / pagar / extra / para / navegar / en Internet / con / su / teléfono celular

Algo

Uno necesesita pagar extra

Para navegar en internet con su telefono cellular

Actividad 3 María trabaja en un departamento de informática. Tiene mucho conocimiento de las computadoras y quiere ayudarles a sus clientes, pero es un poco directa y mandona [*bossy*]. Usando las expresiones de la lista, indica cómo podría expresar las mismas ideas de una manera más suave.

1. **¡Tienes que actualizar tu computadora! Estamos en el siglo XXI.**

2. **Compra un nuevo video card. El tuyo es horrible.**

3. **Si quieres terminar ese proyecto este siglo, desfragmenta tu computadora.**

4. **Por el amor de Dios... ¡¡mejora tu conexión al Internet!!**

5. **¡Ese monitor pequeño es una locura! Si no quieres comprar nuevos anteojos cada mes, consigue un monitor LCD de al menos 23 pulgadas.**

recomiendo que...	es importante que...	es mejor que...
ojalá que...	sugiero que...	espero que...

1	
2	
3	
4	
5	

Actividad 4 Los siguientes vendedores están dando consejos a varios clientes en una tienda de productos electrónicos. Primero, traduce los consejos del inglés al español. Segundo, escribe tu opinión personal, indicando si estás de acuerdo con el consejo y por qué sí o no.

I recommend that you buy a Mac, because they are much better than PCs.

Traducción: _____

_____

_____

Opinión: _____

_____

If you want to use the internet, it's important for you to have a 4G connection.

Traducción: _____

_____

_____

Opinión: _____

_____

I hope you decide to buy a 40" TV because smaller screens are bad for your eyes.

Traducción: _____

_____

_____

Opinión: _____

_____

I suggest you buy a video camera. iPads don't take good videos.

Traducción: _____

_____

_____

Opinión: _____

_____

Actividad 5 Imagínense que los miembros de su familia han tenido varias "crisis" esta semana. Basándose en las fotos, y usando su imaginación, expresen deseos y recomendaciones para ellos.

#1

#2

#3

#4

Actividad 6 Ahora, escribe una lista de problemas que tienes (relacionados con la escuela, el dinero, la tecnología o el estrés). Después, explícaselos a un compañero, quien va a responderte con algunas sugerencias.

1.

2.

3.

4.

5.

Actividad 7 Imagínate que eres Dear Abby. Lee las siguientes quejas (*complaints*) y comentarios y escribe una respuesta breve que incluya recomendaciones.

¡Estoy muy deprimida! Mis hijos y yo casi nunca pasamos tiempo juntos. Pasan muchas horas haciendo su tarea, y cuando tienen tiempo libre, prefieren jugar videojuegos, navegar en la red y hablar con sus amigos por teléfono.

_____
_____
_____
_____
_____

No sé qué universidad elegir. ¡Es una decisión muy difícil! Por supuesto, quiero asistir a una universidad con una reputación excelente, y me gustan las universidades grandes. Pero mis padres quieren que asista a una universidad privada porque prefieren un ambiente más conservador.

_____
_____
_____
_____
_____

Creo que merezco unas vacaciones este junio. Me gusta mi profesión, pero trabajo demasiado. Solo estoy en la oficina 40 horas a la semana, pero nunca puedo escaparme de mi trabajo. Por la noche y durante los fines de semana, mis empleados me llaman por teléfono, y si mi jefe quiere que haga algo importante, me manda un mensaje por correo electrónico :(

_____
_____
_____
_____
_____

Actividad 8 El siguiente texto apareció en el Internet y contiene varios "trucos" para los móviles. Léelo e identifica las diferentes estructuras usadas para dar consejos: 1) mandatos, 2) subjuntivo y 3) otras estructuras.

TRUCOS PARA MÓVILES

PILAS
Claro, es mejor que no dejes que se te acaben las pilas, pero a veces es imposible evitarlo. No te preocupes porque los móviles tienen una reserva de carga en sus pilas y solo tienes que marcar *3370# para activarla. Esto te dará hasta un 50% de carga adicional.

ROBO
En caso de robo, es necesario que tengas el número de serie de tu equipo. Marca *#06# y aparecerá un código en la pantalla. Este código es el número de serie de tu móvil. Toma nota del código y guárdalo. Si te roban el móvil, te recomendamos que llames inmediatamente al operador de tu compañía telefónica para darle este código. El operador podrá bloquear el uso del teléfono aunque el ladrón cambie la tarjeta SIM.

EMERGENCIAS
Si tienes una emergencia, llama al 112. Este es un número de emergencias en todo el mundo. Este número funciona aunque el teléfono esté bloqueado. ¡No lo olvides!

Mandatos:

Subjuntivo:

Otras estructuras:

¿Sabes si estos trucos son ciertos o si solo son mitos? En grupos, discútanlo y lleguen a una conclusión.

_____

_____

Actividad 9 Vas a escuchar una conversación entre Ernesto y Silvia, dos estudiantes universitarios. Ernesto se va a quejar de sus problemas y va a pedirle consejos a Silvia. Mientras escuchas por primera vez, apunta los problemas de Ernesto y los consejos de Silvia. La segunda vez, divide los consejos según la estructura gramatical que se utiliza: mandatos, subjuntivo y otras estructuras.

Primera escucha (contenido general):

Problemas de Ernesto:

Consejos de Silvia:

Segunda escucha (tipos de estructuras para dar consejos):

Mandatos:

Subjuntivo:

Otras estructuras:

Actividad 10 La mayoría de las siguientes oraciones contienen errores. Encuentra y corrígelos.

Mandatos:

1. ¿Tienes problemas con tu correo electrónico de UT? Pues, visites la oficina de LAITS ahora mismo.

2. No navegue el Internet durante tus horas de trabajo.

3. ¡Reemplacen sus computadoras pronto!

4. Esa foto es una de mis favoritas. Ponela en Facebook.

5. Expliqueme cómo funciona este programa computacional, por favor.

6. Vayan a la página web de la universidad para ver la fecha del examen final.

Subjuntivo:

7. Si no tienes suficiente dinero para comprar el laptop que necesitas para tus clases, te sugiero que use una tarjeta de crédito.

8. Es mejor que no compremos el iPad mini. Es demasiado pequeño.

9. Es importante que los estudiantes se preparen para Canvas. Es muy diferente de Blackboard.

10. Quiero que suben todos sus documentos importantes a UTBox.

11. Insisto en que escriban sus ensayos en la computadora y ponan los acentos usando las instrucciones que les di. ¡No son opcionales!

12. Ojalá que comuníquese conmigo si tiene preguntas.

Actividad 1   Toma la siguiente mini-prueba para probar tus conocimientos del subjuntivo.

1. The subjunctive conjugation is similar to the conjugation of...

    a) informal commands

    b) formal commands

    c) informal and formal commands

2. We use the subjunctive after expressions of _____

    _____.

3. However, we use an infinitive instead of the subjunctive if _____

    _____.

4. Object pronouns and reflexive pronouns are placed _____ verbs

conjugated in the subjunctive.

Actividad 2   Basándote en tu rendimiento en las actividades y la mini-prueba, completa la siguiente auto-evaluación.

	excellent	good	weak
My understanding of subjunctive conjugation is...			
My understanding of contexts in which the subjunctive appears is...			
My understanding of pronoun usage with verbs conjugated in the subjunctive is...			

Actividad 1 Llena los espacios con la mejor opción del banco de palabras. ¡Cuidado con la concordancia de los verbos, sustantivos y adjetivos!

manejar	aconsejar	inversión	acudir
ganar	ingresos	gastar	preocupación
matrícula	mejorar	dispositivo	desventaja
ocupado	beca	título	trastorno

1. A muchos estudiantes les falta dinero porque no reciben _____.

2. Aunque hay varios aspectos positivos de la tecnología, también hay varias _____, ya que nos puede causar mucho estrés.

3. Según los expertos, es muy importante que los niños aprendan a _____ el dinero y los presupuestos.

4. Hoy en día, hay mucha interdependencia en el mundo y las _____ en las compañías extranjeras son muy comunes.

5. En el siglo XXI, es muy difícil conseguir un buen trabajo sin un _____ universitario.

6. A muchas personas no les gustan los avances tecnológicos. Sin embargo, mucha gente dice que estos avances _____ nuestro estándar de vida.

7. Desafortunadamente, los estudios indican que los _____ electrónicos pueden causar irritabilidad y nerviosismo.

Actividad 2 Indica si las siguientes oraciones son ciertas [C] o falsas [F].

_____ C _____ F   1. El consumismo es una característica de las sociedades occidentales modernas.

_____ C _____ F   2. Según los expertos, los niños no deben tener una cuenta bancaria.

_____ C _____ F   3. Si no pagas tus tarjetas de crédito a tiempo, la tasa de porcentaje anual será mayor.

_____ C _____ F   4. El tecno-estrés es un trastorno causado por una escasez de tecnología.

_____ C _____ F   5. Muchos estudiantes universitarios tienen mucha deuda.

Actividad 3 Elige la mejor respuesta para completar cada una de las siguientes oraciones.

1. _____ tu composición este fin de semana. Tienes que entregármela el lunes.

      a. escribe   b. escriben   c. escriba   d. escriban

2. Recomiendo que mis amigos _____ al menos el 10% de su sueldo mensual.

      a. ahorrar   b. ahorran   c. ahorren   d. ahorre

3. Pienso que mis padres _____ hablar con un consejero sobre su situación financiera.

      a. necesitan   b. necesiten   c. necesitar   d. necesita

4. Es malo que tengas tantas tarjetas de crédito. Si es posible, no _____.

      a. úsalas   b. úselas   c. las usas   d. las uses

5. No me gustan las ciencias, así que espero que mis profesores no _____ estrictos.

      a. ser   b. son   c. sean   d. sé

6. ¡_____ más con sus hijos! Necesitan sus consejos y su apoyo.

      a. comunícanse   b. comuníquense   c. se comunican   d. se comuniquen

Actividad 4 Hay un error en cada uno de los párrafos. De las tres opciones, selecciona la palabra que contiene un error y escribe la forma correcta en el espacio indicado.

1. Entre las diferentes universidades el apoyo **financiero** varía mucho. Una vez que se le ofrece al estudiante el ingreso, algunas de ellas aseguran el financiamiento que hace falta para **asistir**. A pesar de esto, las universidades generalmente esperan que los padres **ayudan** también.

    palabra incorrecta: _____   palabra corregida: _____

2. Al empezar a **buscar** la universidad perfecta, una de las primeras decisiones que el estudiante debe tomar—y que le ayudará a limitar la lista de posibilidades—es el tamaño de la institución. En Estados Unidos las universidades ofrecen una gran cantidad de opciones, desde establecimientos pequeños con menos de 1.000 estudiantes a grandes universidades **estatales** con más de 35.000 estudiantes. **Sigue** leyendo para más información que le puede servir a su hija o hijo para adaptarse a una universidad grande o pequeña.

    palabra incorrecta: _____   palabra corregida: _____

3. Sin duda en el pasado había individuos **estresados**, pero el síndrome tal como se definió en 1930 está ligado a la vida moderna y, especialmente, a las obligaciones de la vida urbana. Claramente el ritmo de vida aumenta en las sociedades donde **hay** un culto a la productividad. Numerosos estudios indican que entre el 70 y el 80 por ciento de todas las consultas médicas **sean** por enfermedades causadas o relacionadas con el estrés.

    palabra incorrecta: _____   palabra corregida: _____

Noticias y sociedad

Actividad 1   Haz las siguientes actividades relacionadas con un artículo periodístico sobre las tarjetas de crédito.

Pre-lectura   Contesta las siguientes preguntas antes de leer el artículo.

Usando nuevo vocabulario de este capítulo, escribe 2 oraciones sobre las tarjetas de crédito.

1. _____

_____

2. _____

_____

¿Tienes tarjetas de crédito? ¿Para qué las usas?

¿Por qué es importante nuestro historial de crédito y cómo puede ser afectado por nuestras tarjetas de crédito?

Vas a leer un artículo sobre los estudiantes universitarios y las tarjetas de crédito. En tu opinión, ¿de qué va a hablar?

Como bien se sabe, en general el estudiante universitario forma parte de una población pobre sin trabajo ni ingresos estables. Si a esto se añade que en Estados Unidos los estudiantes suelen acumular deudas estudiantiles para <u>**costear**</u> sus estudios, se percibe la situación precaria. Pero, si <u>**además**</u> se suman las deudas de las tarjetas de crédito que incurren los estudiantes, entonces la situación potencialmente se vuelve peligrosa.

Según Nellie Mae, el mayor proveedor de préstamos estudiantiles, un tercio de los estudiantes que ingresan a la universidad tienen una tarjeta de crédito; pero para cuando terminan sus estudios, la mayoría tienen o usan cuatro tarjetas o más con un saldo de aproximadamente $3.000. Quizás esto no parezca mucho si se compara con los $8.000 que es el promedio de deuda crediticia que acumula la familia estadounidense. Sin embargo, es grave si se considera que los estudiantes normalmente no tienen medios para pagar su saldo. En ese momento <u>**las tarjetas dejan de ser un instrumento financiero**</u> para convertirse en arma de dos filos.

1. El "se" en "se sabe", "se añade", "se percibe", "se suman", "se compara" y "se considera" es:
    a) un pronombre de complemento indirecto
    b) un "se" reflexivo
    c) un "se" recíproco
    d) un "se" pasivo / impersonal

2. Según el contexto, ¿cuál es un sinónimo de "costear"?
    a) gastar
    b) comprar
    c) financiar
    d) prestar

3. Según el contexto, ¿qué significa el conector "además"?
    a) however   b) although   c) while   d) in addition

4. Traduce al inglés la frase "las tarjetas dejan de ser un instrumento financiero".

_____

_____

5. Resume en dos oraciones la idea central de estos primeros dos párrafos.

_____

_____

_____

Lo normal es que el estudiante haga uso de préstamos estudiantiles para hacer frente a los gastos de su carrera universitaria: matrícula, libros, alojamiento, comedor, etc. Por lo general este tipo de préstamo ofrece tasas de interés preferenciales y períodos de gracia que pueden incluir el posponer los pagos hasta que termine sus estudios. A diferencia de estos gastos, los estudiantes con frecuencia usan las tarjetas de crédito para "cosas extras", como el celular o la gasolina, salir con los amigos o ir de compras. Desgraciadamente estas deudas tienen el agravante de intereses entre el 19% y 20%, con lo cual la deuda toma años en poderse pagar.

Lo triste es que muchas veces el historial de crédito del estudiante se queda manchado. Muchos no saben que su historial comienza con su primera tarjeta de crédito y que un mal historial crediticio les afectará en situaciones tales como alquilar un apartamento, financiar la compra de un coche o, **lo peor**, conseguir un empleo. **O sea**, esas vacaciones de primavera o las entradas a los conciertos que cargaron a su tarjeta y luego tardaron en pagar, pueden acarrear consecuencias negativas a largo plazo.

6. Traduce las siguientes expresiones:

   - lo normal: _____

   - lo triste: _____

   - lo peor: _____

7. Basándote en el artículo, haz una comparación entre la deuda asociada con los préstamos estudiantiles y la asociada con las tarjetas de crédito.

   _____

   _____

   _____

8. ¿Qué dice el artículo sobre los historiales crediticios?

   _____

   _____

   _____

9. Según el contexto, ¿qué significa "o sea"?
   a) it is the case that   b) in other words   c) maybe   d) since

Frente a esto ¿qué pueden hacer los estudiantes? En primer lugar, deben desarrollar un plan y un presupuesto para hacer frente a los gastos universitarios. Luego, si necesitan obtener y usar una tarjeta de crédito, deben **estar** seguros de sus límites financieros y no dejarse llevar por un límite de crédito alto, por atrayente que sea. Otra opción es usar una tarjeta de débito que controle lo que gasten. Pero la tentación de la tarjeta de crédito es grande en los campus universitarios por lo fácil que es conseguirla. **¿Dónde más** se podría obtener una tarjeta sin contar con ingresos fijos o un trabajo comprobable, o sin fiadores? En vista al gran número de estudiantes que se han metido en problemas crediticios debido a las tarjetas, Louise Slaughter, representante al Congreso por Nueva York, junto con John Duncan, representante por Tennessee, introdujeron en 1999 la propuesta de ley "Student Credit Card Protection Act" que pretende poner límite a las ofertas de crédito que reciben los estudiantes.

Jeanne M. Salvatore, vicepresidenta y portavoz para asuntos del consumidor del *Insurance Information Institute*, indica que la universidad es quizás la primera vez que un estudiante tiene que tomar decisiones financieras de manera independiente que le afectan tanto el presente como el futuro. **No obstante**, "en el proceso no deben correr el riesgo de ahogarse en un agujero de deudas que los embargue por muchos años".

---

10. Según el contexto, ¿qué significa "frente a esto"?
    a) for this
    b) in front of this
    c) faced with this
    d) first and foremost

11. ¿Por qué se usa el verbo "estar" (en vez de "ser") en la frase "deben estar seguros"?

    _____

    _____

12. Según el contexto, ¿cómo traducirías la palabra "más" en "dónde más"?
    a) more   b) else   c) other   d) may

13. Según el contexto, ¿qué significa el conector "no obstante"?
    a) nevertheless   b) although   c) while   d) in addition

14. ¿Cómo se dice "to make a decision" en español? (aparece en la sección anterior)

    _____

¿Qué hacer si eres estudiante? **Al** recibir una tarjeta de crédito y antes de **usar**la, debes asegurarte de leer cuidadosamente el contrato y conocer a fondo los detalles de su uso. Además, es necesario que compares el costo y los términos de la deuda y que te asegures que contenga las siguientes condiciones mínimas: una tasa de interés anual por debajo del

15%; un período de gracia de por lo menos 25 días; ningún cargo anual. Asimismo, para detectar errores y evitar sorpresas, revisa con regularidad tu historial de crédito. La ley te provee el recibir un informe de crédito gratis por año de cada una de las agencias nacionales de crédito. Solicítalo a www.annualcreditreport.com.

15. ¿Cómo traducirías "al" antes de un infinitivo?
    a) to   b) upon   c) in   d) the

16. ¿Por qué no se conjuga el verbo "usar"?

_____

17. Hay dos pronombres de complemento directo en el último párrafo. Subráyalos en el texto.

18. Hay varios consejos en el último párrafo. Busca ejemplos de:

- infinitivos (después de verbos modales): _____

- presente del subjuntivo: _____

- mandatos: _____

Después de leer Contesta las siguientes preguntas basándote en lo que leíste.

En tus propias palabras, escribe 3 consejos para un adolescente que quiere obtener una tarjeta de crédito.

1. _____

2. _____

3. _____

Ponle un título específico y creativo al artículo.

_____

¿Qué más te gustaría saber sobre este tema?

_____

_____

_____

Lee rápidamente el siguiente texto y contesta las preguntas a continuación.

Para tu seguridad...

Cada persona que usa el Internet tiene que estar consciente de un tipo de intento de estafa (conocido en inglés como "hoax", "spoof" o "phishing") que utiliza mensajes de email engañosos. Aunque parecen venir de una empresa reputada, estos mensajes falsos pueden ponerte en una situación de riesgo.

¿Qué buscan los emails falsos?

- tu número de Seguro Social
- el número de tu cuenta bancaria
- tus contraseñas y PINs
- el número de tu tarjeta de crédito o de ATM/débito
- el código de validación (CCV) de tu tarjeta de crédito

Puede ser difícil identificar estos mensajes, pero por lo general te piden que hagas clic en un link (enlace) que te va a llevar a un Website falso donde se te pedirá que pongas, actualices o confirmes información personal o confidencial. Los mensajes típicamente hablan de alguna situación urgente relacionada con tu cuenta.

Aun si no les das la información que te piden, el acto mismo de hacer clic en el link que viene dentro del mensaje falso puede traer como consecuencia que se instale en tu computadora un virus o un software que registra todo lo que escribes.

¡No caigas en la trampa!

¡Entérate acerca de las maneras de protegerte de este peligro!

1. ¿Cuál es el propósito de este texto? En tu opinión, ¿dónde apareció y quién lo escribió?

2. ¿Qué observas sobre las palabras relacionadas con las computadoras / la tecnología? Da varios ejemplos del texto para apoyar esta aseveración.

3. Haz una lista de todos los ejemplos de mandatos y subjuntivo en el texto.

mandatos informales	mandatos formales	subjuntivo

Actividad 3 Los siguientes fragmentos aparecieron en anuncios para tiendas. Léelos y decide qué tienen en común. ¿Son oraciones completas o fragmentos? ¿Por qué piensas que son así?

> **Los precios más bajos. Garantizado.**
>
> **¡Desde hoy hasta el 29 de diciembre!**
>
> ¡Sin compra mínima!
>
> Sin interés por 24 meses en toda la tienda.

_____

_____

_____

Actividad 4 Los siguientes carteles se encuentran con frecuencia en los campus de las universidades en EEUU. Léelos y comenta las formas verbales que se usan. ¿Cuál es la relación entre la forma verbal y el contexto?

> Si quieres divertirte, ven a nuestra fiesta y trae a tus amigos :)
>
> **Prohibidas las armas**
>
> NO FUMAR
>
> ¡Compren sus libros aquí!

_____

_____

_____

El lenguaje vivo: Lenguaje chat

Debido a la prevalencia del correo electrónico y la mensajería instantánea, se ha inventado un código especial. Este lenguaje, llamado "lenguaje chat", se caracteriza por la abreviación de palabras y oraciones. En inglés, por ejemplo, existen las formas *TTYL* (talk to you later), *cuz* (because), *b4* (before), *ROFL* (rolling on floor laughing), etc. ¿Puedes pensar en otros ejemplos en inglés?

Actividad 1   Lee la siguiente lista de ejemplos del lenguaje chat y clasifícalos.

tng (tengo)	*xfa* (por favor)	*0 :)* (ángel)		
to2 (todos)	*tkm* (te quiero mucho)	*ad+* (además)		
= (igual)	*jnts* (juntos)	*gf* (jefe)		
:-x (un beso)	*d* (de)	*hcr* (hacer)		

acortamiento	valor fonético	siglas	signos	emoticones

Actividad 2   Ahora, trata de adivinar los significados de las siguientes palabras chat.

1. salu2 _____

2. xq _____

3. mñn _____

4. dnd _____

5. s _____

6. :-D _____

Actividad 3   ¿Qué piensas de este lenguaje? Resume brevemente tus opiniones.

_____

_____

Conferencia

Imagínate que estás en un coloquio sobre la vida moderna, donde van a hablar varios expertos en historia, antropología y sociología.

A) Mientras escuchas una de las conferencias, toma apuntes en otra hoja de papel.

B) Después, con un/a compañero/a, escriban una lista de los 6 puntos más importantes.

| 1 |
| 2 |
| 3 |
| 4 |
| 5 |
| 6 |

C) Finalmente, escriban un párrafo bien organizado, resumiendo la conferencia.

Mejorando el discurso: La fuerza ilocucionaria y el registro

Actividad 1 Imagínate que quieres convencer a alguien para que deje de usar tanto su teléfono celular. Evalúa las siguientes oraciones e indica si son débiles, fuertes o muy fuertes. Después, contesta la pregunta a continuación.

	débil	fuerte	muy fuerte
1. Oye, ¿qué tal si dejas de usar tu celular tanto?			
2. ¡Deja de usar tu celular o te lo quito!			
3. Sugiero que dejes de usar tu celular en la playa.			
4. De verdad, necesitas dejar de usar tu celular, ya.			
5. ¿Por qué no dejas de usar tu celular?			
6. Es importante que dejes de usar tu celular.			
7. ¿No quieres dejar de usar tu celular, por favor?			
8. Hombre, tienes que dejar de usar tu celular.			
¿Qué generalizaciones se puede hacer sobre la estructura gramatical y la fuerza ilocucionaria?			

Actividad 2 La estructura del enunciado no es el único factor que determina la fuerza ilocucionaria. Cuando la gente habla, el volumen, la entonación y el tono también contribuyen al mensaje. Vas a escuchar 6 oraciones. Para cada una, indica si te parece débil, fuerte o muy fuerte (e indica por qué).

	débil	fuerte	muy fuerte	¿por qué?
1				
2				
3				
4				
5				
6				

Actividad 3 Lee las siguientes citas. Para cada una:
- Describe el registro al que pertenece (formal o informal, personal o impersonal).
- Menciona <u>todos</u> los aspectos del lenguaje que te indican esto.

Estimado señor Pérez,

    Le escribo la presente para saludarle y preguntar si mi compañero de trabajo, Luis García, se ha puesto en contacto con usted. Le hablé del puesto de gerencia en su compañía y...

"Claro que tengo ganas de ir, pero tengo que terminar ese maldito ensayo cuanto antes..."

Oye Guille por que no vienes con nosotros esta tarde? va a ser padrisimo!! chau, Elena =)

Buenas noches, señoras y señores. No se pueden imaginar el gusto que me da estar aquí frente a ustedes en esta noche tan esperada. Antes de que empecemos con la entrega de premios...

"Mi suegra viene a Austin este finde... golpe de suerte..."

Prohibidos los perros sueltos. Favor de tenerlos a su lado en todo momento.

_____
_____
_____
_____
_____
_____
_____
_____
_____
_____
_____
_____
_____
_____
_____
_____
_____
_____
_____
_____

¡A investigar!

En el Internet, investiga los siguientes aspectos de la vida universitaria en España. Después, escribe cinco datos interesantes que has aprendido. ¡La calidad de la información es muy importante porque la vas a usar en tu tarea final!

- el sistema universitario en España (gastos, tecnología, carreras)
- la vida de los estudiantes (pasatiempos, trabajo, vivienda, estrés)

1.

2.

3.

4.

5.

Capítulo 1: El ritmo de la vida

UN EMAIL

Vas a escribirle un email a un estudiante de España que viene a UT el próximo semestre para estudiar informática.

En tu email, tienes que:
- describir la vida universitaria aquí (lo positivo y lo negativo)
- comparar la vida universitaria de EEUU con la de España
- darle consejos sobre las finanzas de los estudiantes
- decirle lo que debe hacer para "sobrevivir" esta experiencia

En casa, debes prepararte bien, haciendo lo siguiente:
- completar ¡A investigar! (buscar información en el Internet)
- organizar tus ideas
- preparar una ficha con una lista de 5 palabras útiles

En clase, vas a escribir tu email. No te olvides de...
- traer tu ficha (no puedes usar libros o diccionarios)
- incluir un saludo y un cierre
- editarlo bien y revisar el registro antes de entregarlo

Capítulo 1: Grammar at a Glance

Los mandatos informales singulares

We use informal commands when we want to give orders to someone we would address as "tú" (*e.g.* a friend, a close relative, etc.). The most difficult thing about learning these commands is that the conjugation rules for affirmative and negative informal commands are different!!!

Los mandatos informales afirmativos

REGULARES For affirmative informal commands, we simply use the 3rd person singular form of the present tense:

-ar verbs	-er & -ir verbs
trabaja	bebe
ahorra	conduce
presta	acude

IRREGULARES We also need to remember the eight irregular commands below:

LADY DI HAZ SEVEN TO TEN PONIES IN HER SALON
di (decir) – **haz** (hacer) – **sé** (ser) – **ve** (ir) – **ven** (venir) – **ten** (tener) – **pon** (poner) – **sal** (salir)

Los mandatos informales negativos

REGULARES For negative informal commands, we start with the "yo" form of the present tense, drop the "o" and add the opposite vowel and an "s":

-ar verbs	-er & -ir verbs
no trabajes	no bebas
no ahorres	no conduzcas
no prestes	no acudas

IRREGULARES We also need to remember the five irregular commands below:

ser	estar	ir	dar	ver
no seas	no estés	no vayas	no des	no veas

CON CAMBIOS ORTOGRÁFICOS Verbs that end in "CAR," "GAR," and "ZAR" have the following spelling change:

"C" → "QU"	"G" → "GU"	"Z" → "C"
buscar	**pagar**	**comenzar**
no busques	no pagues	no comiences

Los mandatos formales y plurales

We use formal commands when we want to give orders to someone we would address as "Ud." (*e.g.* a stranger, a professor, etc.) and we use plural commands when we want to give orders to a group of people ("Uds."). Unlike informal commands, formal and plural commands only have one conjugation that is used whether the command is affirmative or negative!

REGULARES For formal and plural commands, we start with the "yo" form of the present tense, drop the "o" and add the opposite vowel (+ "n" if plural):

	-ar verbs	**-er & -ir verbs**
(formal: usted)	trabaje	beba
(plural: ustedes)	trabajen	beban
(formal: usted)	ahorre	conduzca
(plural: ustedes)	ahorren	conduzcan

IRREGULARES We also need to remember the six irregular commands below:

ser	**estar**	**ir**	**dar**	**saber**	**ver**
(no) sea	(no) esté	(no) vaya	(no) dé	(*) sepa	(no) vea
(no) sean	(no) estén	(no) vayan	(no) den	(*) sepan	(no) vean

* There is no negative command form of the verb "saber," since "Don't know!" is not a logical command.

CON CAMBIOS ORTOGRÁFICOS Verbs that end in "CAR," "GAR," and "ZAR" have the following spelling change:

"C" → "QU"	**"G" → "GU"**	**"Z" → "C"**
buscar	**pagar**	**comenzar**
(no) busque	(no) pague	(no) comience
(no) busquen	(no) paguen	(no) comiencen

Los mandatos y los pronombres

One more thing we have to master in order to use commands correctly is pronoun placement. Pronouns are placed **after** affirmative commands, but **before** negative commands. The good news is that the rule is the same for all pronouns (direct object pronouns, indirect object pronouns, and reflexive pronouns)!

affirmative	**negative**
múda**te**	no **te** mudes
alquíle**lo**	no **lo** alquile
présten**sela**	no **se la** presten

Notice that when pronouns are placed after an affirmative command, we attach them directly to the verb and we also need to add an accent mark to the syllable of the verb that was originally stressed.

El presente del subjuntivo: Deseos y recomendaciones

The subjunctive mood is used to express various semantic categories. So far, we have studied subjunctive used to express **wish**, **will** and **necessity**. Luckily, you are already familiar with the subjunctive conjugation, since it is similar to that of formal commands, plural commands, and negative informal commands!

REGULARES   For the present subjunctive, we start with the "yo" form of the present tense, drop the "o" and add the opposite vowel along with the appropriate personal ending.

	-ar verbs	-er & -ir verbs
yo	trabaje	conduzca
tú	trabajes	conduzcas
él/ella/Ud.	trabaje	conduzca
nosotros	trabajemos	conduzcamos
ellos/ellas/Uds.	trabajen	conduzcan

IRREGULARES   We need to memorize the seven irregular verbs below:

	ser	estar	dar	saber	ir	haber	ver
yo	sea	esté	dé	sepa	vaya	*	vea
tú	seas	estés	des	sepas	vayas	*	veas
él/ella/Ud.	sea	esté	dé	sepa	vaya	haya	vea
nosotros	seamos	estemos	demos	sepamos	vayamos	*	veamos
ellos/ellas/Uds.	sean	estén	den	sepan	vayan	*	vean

* Remember that the verb "haber" means *there is / there are* and only appears in the 3rd person singular!

CON CAMBIOS ORTOGRÁFICOS   Verbs that end in "CAR," "GAR," and "ZAR" have the following spelling change:

	"C" → "QU"	"G" → "GU"	"Z" → "C"
yo	busque	pague	comience
tú	busques	pagues	comiences
él/ella/Ud.	busque	pague	comience
nosotros	busquemos	paguemos	comencemos
ellos/ellas/Uds.	busquen	paguen	comiencen

CON CAMBIOS EN LA RAÍZ   Since we start with the "yo" form of the present tense, stem changes are preserved (look at "comience" in the chart above). However, there is an additional stem change ("e" > "i" and "o" > "u") in the **"nosotros"** form of **"IR"** stem-changing verbs. Take a look at the examples below:

	dormir	pedir
yo	duerma	pida
tú	duermas	pidas
él/ella/Ud.	duerma	pida
nosotros	**durmamos**	**pidamos**
ellos/ellas/Uds.	duerman	pidan

Remember that, normally, there are no stem changes in the "nosotros" form. This is an additional change which only occurs with "IR" stem-changing verbs in the present subjunctive!

Capítulo 1: Vocabulary at a Glance

La vida universitaria

SUSTANTIVOS

el aumento de sueldo	*salary raise*
la beca	*grant, scholarship*
la carrera	*course studies*
el currículum	*résumé*
el desafío	*challenge*
el costo	*cost*
el diploma	*diploma*
el empeño	*determination*
el horario	*schedule*
el/la licenciado/a	*college graduate*
la matrícula	*registration, tuition*
el préstamo	*loan*
el sueldo	*salary*
el título	*degree*

ADJETIVOS

estudiantil	*related to students*
ocupado/a	*busy*
perezoso/a	*lazy*
preocupado/a	*worried*
trabajador/a	*hard working*
universitario/a	*related to university*

VERBOS

acudir	*to go, turn to (for help)*
aprobar [ue]	*to pass*
aprovechar	*to make the most of*
elegir [i]	*to choose, select*
graduarse	*to graduate*
matricularse	*to register*
mudarse	*to move*
organizarse	*to get organized*
pedir prestado/a [i]	*to borrow*
perder [ie]	*to miss (a class, bus)*
prepararse	*to prepare oneself*
prestar	*to lend*
realizar	*to accomplish*
reprobar	*to fail*
tener éxito	*to be successful*

El dinero y el consumismo

SUSTANTIVOS

los bienes	*goods*
el capitalismo	*capitalism*
el capricho	*whim*
el consumidor	*consumer*
el consumo	*consumption*
la cuenta corriente	*checking account*
la cuenta de ahorros	*savings account*
la deuda	*debt*
el financiamiento	*financing*
el gasto	*expense*
la hipoteca	*mortgage*
los ingresos	*income*
el interés	*interest*
la inversión	*investment*
la manera de vivir	*way of life*
la necesidad	*necessity*
la paga	*allowance*
el porcentaje	*percentage*
el presupuesto	*budget*
la tarjeta de crédito	*credit card*
la tasa	*rate*
el valor	*value*

VERBOS

adquirir [ie]	*to acquire*
ahorrar	*to save*
alquilar	*to rent, lease*
ganar	*to earn*
gastar	*to spend*
invertir	*to invest*
manejar	*to manage*
pagar	*to pay*
pagar al contado	*to pay up front*
pagar a plazos	*to pay in installments*
satisfacer [g]	*to satisfy*

ADJETIVOS

codicioso/a	*greedy*
envidioso/a	*envious*
frugal	*frugal*
generoso/a	*generous*
materialista	*materialistic*
mimado/a	*spoiled*
occidental	*western*
oriental	*eastern*
responsable	*responsible*

La tecnología y el estrés

SUSTANTIVOS

el aislamiento	*isolation*
la ansiedad	*anxiety*
el aparato electrónico	*electronic appliance*
el cambio	*change*
el archivo	*file*
el correo electrónico	*e-mail*
el dispositivo	*device*
el equilibrio	*balance*
el funcionamiento	*operation*
la irritabilidad	*irritability*
el malestar	*unease, discomfort*
el mensaje de texto	*text message*
el móvil	*cell phone*
el nerviosismo	*nervousness*
el programa computacional	*computer program*
la pantalla (plana)	*(flat) screen*
la señal	*sign*
el síntoma	*symptom*
el teclado	*keyboard*
el teléfono celular	*cell phone*
el trastorno	*disorder*

VERBOS

actualizar	*to update*
adaptarse	*to adapt (oneself)*
bajar	*to download*
comunicarse	*to communicate*
dormir lo suficiente	*to sleep enough*
enchufar	*to plug in*
funcionar	*to function, work*
navegar el Internet	*to surf the Internet*
padecer [zc]	*to endure, suffer*
reemplazar	*to replace*
subir	*to upload*
sufrir	*to suffer*

ADJETIVOS

actualizado/a	*updated*
anticuado/a	*outdated*
estresado/a	*stressed*
estresante	*stressful*
físico/a	*physical*
novedoso/a	*new, novel*
(p)sicológico/a	*psychological*

Palabras y expresiones útiles

aconsejar	*to advise*
la característica	*characteristic*
la desventaja	*disadvantage*
esperar	*to hope*
insistir (en)	*to insist (on)*
mejorar	*to improve*
ojalá	*hopefully, I hope that*

la preocupación	*concern, worry*
el rasgo	*trait, feature*
recomendar [ie]	*to recommend*
la sociedad	*society*
sugerir [ie]	*to suggest*
urgente	*urgent*
la ventaja	*advantage*

Mis propias palabras

_____   _____

_____   _____

_____   _____

_____   _____

_____   _____

_____   _____

Abriendo fronteras

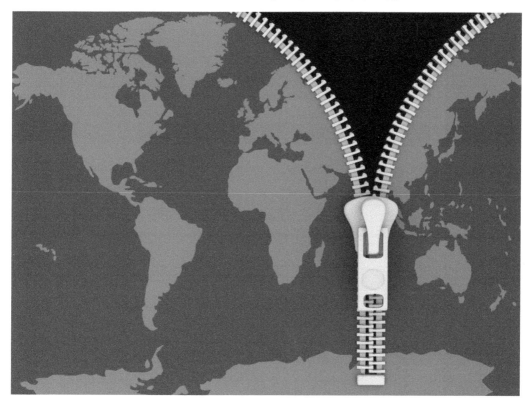

bienestar social   **inmigración**   **tolerancia**

"En la naturaleza no existen fronteras. No están más que en nuestra mente.
Toda tierra es de todos, y toda cultura no es más que ideas que nos separan."
Anthony de Mello (pensador y religioso)

Codo a codo con el contenido:

En este capítulo vamos a reflexionar sobre el bienestar social, la inmigración y la tolerancia.
Para comunicar nuestras ideas y reaccionar a estos temas, vamos a usar:
- verbos como *gustar*
- pronombres de complemento indirecto
- el presente del subjuntivo

También seremos capaces de:
- reconocer ciertas características del bilingüismo y el contacto de lenguas
- interpretar y producir actos de habla para interactuar

Nuestra tarea final: UN DEBATE

¿Qué significa la expresión "**abriendo fronteras**" para ti? Apunta las canciones, películas, libros, noticias actuales y eventos históricos que asocias con esta expresión.

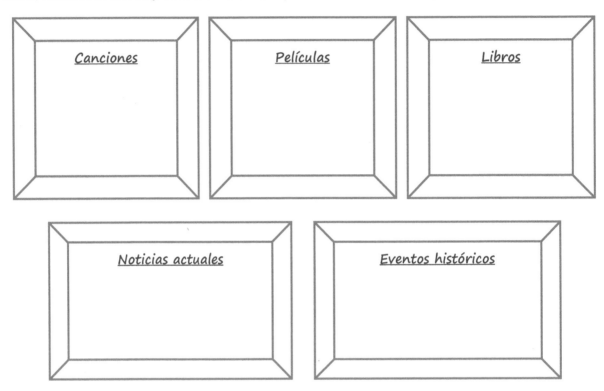

Canciones

Películas

Libros

Noticias actuales

Eventos históricos

Ahora, haz una lluvia de ideas (una lista de palabras) sobre el tema del capítulo.

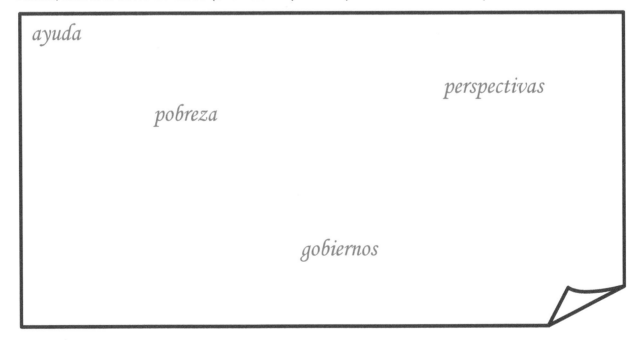

ayuda

perspectivas

pobreza

gobiernos

Abriendo el tema

Actividad 1 En español, y en tus propias palabras, explica el mensaje de cada una de las tiras cómicas a continuación.

_____
_____
_____
_____
_____
_____
_____

_____
_____
_____
_____
_____
_____
_____

_____
_____
_____
_____
_____
_____
_____

Entrando en materia: El bienestar social

Actividad 1   Ve a Wikipedia y busca la definición de "bienestar social". Después, en tus propias palabras, escribe lo que significa.

Actividad 2   Todos tenemos una idea subjetiva de lo que necesitamos para vivir. Para comprobarla, responde al cuestionario con tus propias ideas y, en clase, compara tus respuestas con las de un compañero.

la cantidad de dinero que necesita una persona para vivir mensualmente	
la cantidad de horas que se debe trabajar diariamente	
la edad en la que se debe empezar a trabajar	
el tipo de vivienda necesaria para una familia (medidas, descripción general)	
tres objetos sin los que es imposible vivir	
las veces que se debe salir por semana para divertirse	
tres actividades o cosas que consideras necesarias para tu tiempo libre	
el número de días necesarios para las vacaciones cada año	

Actividad 3 Haz los siguientes ejercicios relacionados con el tema de bienestar social.

Antes de leer ¿Qué sabes de la gente indígena en Latinoamérica? Mira la siguiente foto de un grupo de mujeres mayas en Guatemala y contesta las preguntas.

¿Cómo crees que es su vida?

_____

_____

_____

_____

_____

_____

_____

¿A qué problemas sociales crees que se enfrentan?

_____

_____

_____

_____

Vas a leer un artículo titulado "Nuevo libro del Banco Mundial: *Pueblos indígenas, pobreza y desarrollo humano en América Latina: 1994-2004"*. ¿De qué se va a tratar? Completa las siguientes oraciones, según tus opiniones, antes de leer el artículo.

1. En mi opinión, el artículo va a hablar de...
   a. un país específico   b. varios países

2. En mi opinión, la perspectiva del artículo va a ser...
   a. optimista   b. pesimista

3. En mi opinión, el artículo NO va a hablar de...
   a. educación   b. salud
   c. conflictos armados   d. programas bilingües

Lee el siguiente artículo sobre los pueblos indígenas en Latinoamérica y subraya las dos oraciones que te parecen más interesantes.

Nuevo libro del Banco Mundial: *Pueblos indígenas, pobreza y desarrollo humano en América Latina: 1994-2004*

El nuevo estudio del Banco Mundial, *Pueblos indígenas, pobreza y desarrollo humano en América Latina: 1994-2004*, ofrece una dura realidad de los pueblos indígenas latinoamericanos. A pesar de que ha aumentado su influencia política, durante la última década los indígenas latinoamericanos han avanzado poco en lo económico y social. Hoy día siguen sufriendo altos índices de pobreza, de educación deficiente, de enfermedades y de discriminación.

El estudio del Banco Mundial ha tomado en cuenta la evolución de las condiciones sociales en los cinco países latinoamericanos con mayor población indígena: Bolivia, Ecuador, Guatemala, México y Perú. Gillette Hall, economista del Banco Mundial y coautora del estudio, señala que el aumento de poder político no se ha correspondido con **mejoras** para los pueblos. Al contrario, a pesar de constituir el 10 por ciento de la población de la región, los indígenas latinoamericanos son el grupo más **desfavorecido** de América Latina, y su incidencia de pobreza es severa y profunda.

Tal es el caso en Bolivia y Guatemala donde más de la **mitad** de toda la población vive en pobreza, pero entre los indígenas esa cifra aumenta a casi tres cuartos de su población. En Ecuador, la pobreza entre los indígenas se aproxima al 87 por ciento y llega hasta el 96 por ciento en las sierras rurales. La pobreza extrema entre los indígenas mexicanos en 2002 era 4,5 veces mayor en las municipalidades predominantemente indígenas en comparación a las no indígenas, un aumento sobre la década anterior cuya proporción fue de 3,7. Si se suman los hogares pobres en Perú, el 43 por ciento es indígena.

Entre los datos que ofrece el estudio, se encuentran los siguientes:
- Han sido mínimos los logros en reducir la pobreza de ingresos entre los indígenas durante la década 1994-2004.
- Las crisis económicas afectan durante más tiempo a los indígenas.
- La pobreza indígena es más aguda y disminuyó más lentamente durante los años noventa.
- Los indígenas reciben menos años de instrucción escolar, pero aunque la diferencia se reduce, los bajos resultados indican problemas en la calidad de la **escolarización**.
- Sigue habiendo menor acceso a servicios básicos de salud, particularmente entre mujeres y niños.

El estudio ha hecho las siguientes recomendaciones para reducir la pobreza entre los pueblos indígenas latinoamericanos:
1. Ofrecer una mejor y más amplia educación a través de programas bilingües y biculturales para reducir la diferencia de años de escolarización y la calidad de la misma.
2. Mejorar los servicios sociales para los pueblos indígenas por medio de incluir más a los padres y a la comunidad, y de establecer objetivos claros y visionarios.
3. Impulsar el acceso **equitativo** a servicios de salud indígena mediante programas enfocados en la salud materna e infantil.
4. Optimizar la recolección de datos de identificación de pueblos indígenas para seguir mejor sus avances.

El nuevo estudio del Banco Mundial pone al día las conclusiones del libro de 1994 en el que se establecieron las condiciones mínimas de los pueblos indígenas en América Latina a comienzos de los años noventa. Ese libro coincidió con el comienzo de la Década Internacional de los Pueblos Indígenas del Mundo.

Después de leer   Completa las actividades a continuación.

1) Revisa tus hipótesis sobre la lectura en "Antes de leer". ¿Acertaste en las tres preguntas? Si el artículo es diferente de lo que esperabas, explica la diferencia.

_____

_____

2) Busca las siguientes palabras en la lectura y escribe su definición (en español) en tus propias palabras.

mejoras	
desfavorecido	
mitad	
escolarización	
equitativo	

3) Resume (en cuatro oraciones) las ideas principales del artículo.

_____

_____

_____

_____

_____

_____

4) Ahora, expresa dos de tus propias opiniones y sugerencias sobre lo que necesitan los pueblos indígenas. Usa expresiones de la lista.

Es importante que...	Sugiero que...	Los pueblos indígenas necesitan que...	Espero que...
Es aconsejable que...	Ojalá que...	Es necesario que los niños indígenas...	Es mejor que...

▪ _____

_____

▪ _____

_____

Actividad 4 Basándote en las fotos, escribe una lista de maneras en las que las mujeres indígenas típicamente ganan dinero para ayudar a sus familias.

- _____

- _____

- _____

Actividad 5 Vas a ver un video sobre un programa cuya meta es mejorar el bienestar social de las mujeres indígenas. Contesta las siguientes preguntas en inglés.

1. What kinds of social problems are common among this group?

2. What kinds of things do they do as part of the program?

3. How have their lives changed as a result of the program?

4. How many women have participated in the program so far? _____

Actividad 6 Debajo hay fotos de personas en varios países latinoamericanos. Usando tu imaginación, habla sobre la vida de estas personas: clase social, bienestar económico, trabajo, prioridades, pasatiempos, bienestar emocional, etc.

un torcedor en la República Dominicana

una vendedora en un mercado en Ecuador

turistas europeos en Cuba

un trompetista en la Habana, Cuba

un turista en las ruinas de Tulúm, México

un minero en Bolivia

Ahora, escribe dos comparaciones entre las personas en las fotos. ¡Usa una estructura comparativa!

1. _____

_____

2. _____

_____

¡Gramaticando! Verbos como "gustar"

Paso 1: Descubriendo la gramática...

Actividad 1 Categoriza los siguientes verbos y expresiones, indicando si expresan sentimientos positivos, negativos o indiferentes.

me encanta   me enoja   me da vergüenza

me molesta   me pone alegre   me da igual   me da asco

me alegra   me fascina   me pone nervioso/a   me preocupa

me da miedo   me pone triste   me da lo mismo

expresan sentimientos positivos	expresan sentimientos negativos	expresan indiferencia

Varias expresiones en el óvalo contienen los verbos "dar" y "poner". Subráyalas y contesta las preguntas a continuación.

1. ¿Qué tipo de palabra se usa después de "dar"?
   a) un sustantivo   b) un adjetivo   c) un adverbio   d) un verbo

2. ¿Qué significa *literalmente* la expresión "me da miedo"? _it scares me_____

3. ¿Qué tipo de palabra se usa después de "poner"?
   a) un sustantivo   b) un adjetivo   c) un adverbio   d) un verbo

4. ¿Qué significa *literalmente* la expresión "me pone triste"? _makes me sad_

Actividad 2 Lee los siguientes comentarios y tradúcelas. Después, llena la tabla con información sobre la estructura de estas oraciones.

(1) "A mis padres les preocupa la situación económica en este país."

(2) "Me sorprenden las estadísticas sobre el nivel de vida en los países latinoamericanos."

(3) "A los ciudadanos de ese país les da miedo la inseguridad de su futuro."

(4) "Nos pone tristes pensar en los niños que no pueden asistir a la escuela."

(5) "¿No te molestan la desigualdad y la falta de justicia en tu país?"

(6) "A mi novio le gusta mucho donar dinero y hacer de voluntario en lugares sin muchos recursos económicos."

(7) "Nos importa mucho la tasa de analfabetismo en nuestra ciudad."

Ej: *The economic situation in this country worries my parents.*

1. _____

2. _____

3. _____

4. _____

5. _____

6. _____

7. _____

	PRONOMBRE	VERBO	SUJETO
1	*les*	*preocupa*	*la situación económica*
2			
3			
4			
5			
6			
7			

🐟 MI REGLA 🐟

¿Qué tipo de pronombres se usan con estos verbos?

Con verbos como "gustar", se usan pronombres de complemento _indirecto_ .

¿En qué orden se ponen las partes de la oración cuando usamos verbos como "gustar"?

sujeto / verbo / pronombre de complemento indirecto / persona

(A _Persha_) + _pronombre_ + _verbo_ + _sujeto_

Mira la tabla de arriba. ¿Se usa 3ª persona singular o 3ª persona plural del verbo?

Se usa _singular_ con un infinitivo (*e.g. pensar*).

Se usa _plural_ con dos infinitivos (*e.g. donar y hacer*).

Se usa _singular_ con un sustantivo singular (*e.g. la situación*).

Se usa _plural_ con un sustantivo plural (*e.g. las estadísticas*).

Se usa _plural_ con dos sustantivos singulares (*e.g. la desigualdad y la falta*).

Paso 2: Practicando la gramática...

Actividad 1 Lee los pensamientos de las siguientes personas. Después, escribe una oración sobre cada persona, usando los verbos como "gustar". No repitas verbos.

Si no encuentro un trabajo pronto, creo que vamos a perder la casa. ¿Qué va a decir mi esposa?

_____
_____
_____
_____
_____

Ojalá que podamos continuar tomando estas clases de ESL. ¡Estamos aprendiendo muchísimo!

_____
_____
_____
_____
_____
_____

	Siempre hacemos de voluntarios durante las vacaciones. Nos sentimos muy bien ayudando a la gente.	_____ _____ _____ _____ _____
	¡No sé cómo voy a sobrevivir el invierno! Ni siquiera tengo un buen abrigo.	_____ _____ _____ _____ _____
	Esta nueva propuesta de ley es horrible. Nos quieren quitar los derechos civiles. ¡Tenemos que hacer algo!	_____ _____ _____ _____ _____

Actividad 2   Piensa en el bienestar social en EEUU. Escribe un párrafo, describiendo los aspectos de nuestra sociedad que te gustan y los que no te gustan. Sé específico e incluye ejemplos.

_____

_____

_____

_____

_____

_____

Actividad 3 Vas a mirar un video acerca de los temores y preocupaciones de varias personas. Mientras escuchas, toma apuntes de lo que dicen (en inglés o en español). Después, escribe unas oraciones en español sobre tres de estas personas y también describe tus propios temores y preocupaciones.

Nombre	What do they dislike? What scares them? What worries them? What makes them nervous?

Persona #1 Nombre: _____	
Persona #2 Nombre: _____	
Persona #3 Nombre: _____	
Yo	

Actividad 4 Todas las oraciones a continuación contienen un error relacionado con el uso de verbos como "gustar". Subraya y corrígelos.

1. A esa gente se encanta su vida a pesar de no tener muchos recursos económicos.

2. A las mujeres de ese pueblo le pone tristes la tasa de mortalidad infantil.

3. Me da igual los problemas socio-económicos de esa región del mundo.

4. A mi padre le pone mucho miedo la tasa creciente de desempleo.

5. Siempre nos preocupa sobre tener suficiente dinero para pagar la hipoteca.

6. No sé por qué, pero me da vergüenza el tamaño y la condición de mi apartamento.

7. ¿Por qué te alegra tanto hacer de voluntario y ayuda a la gente desfavorecida?

8. Ese político le molesta toda la crítica de su gobierno que aparece en los periódicos.

Actividad 5 En parejas o grupos pequeños, discutan las imágenes de los siguientes siete países y hablen sobre lo que les molesta, les sorprende o les preocupa de esta realidad.

CUBA

CHINA

ESTADOS UNIDOS

Capítulo 2: Abriendo fronteras

PERÚ

ESPAÑA

REPÚBLICA DOMINICANA

ITALIA

Actividad 1 Toma la siguiente mini-prueba para probar tus conocimientos de los verbos como "gustar."

1. Six useful "gustar"-type verbs are _____, _____, _____, _____, _____, and _____.

2. "Gustar"-type verbs are always used with direct object pronouns. _____ T _____ F

3. "Gustar"-type verbs are conjugated in 3rd person singular or 3rd person plural, depending on the grammatical subject. _____ T _____ F

4. If the person experiencing the emotion / reaction is mentioned explicity--either with a full noun (*la maestra*) or subject pronoun (*ella*), then the word _____ must be placed immediately before the noun or pronoun.

Ex: _____.

Actividad 2 Basándote en tu rendimiento en las actividades y la mini-prueba, completa la siguiente auto-evaluación.

	excellent	good	weak
My knowledge of a variety of "gustar"-type verbs is...			
My mastery of the conjugation of "gustar"-type verbs is...			
My mastery of the forms and placement of pronouns used with these verbs is...			
My understanding of word order when using these verbs is...			

Entrando en materia: La inmigración

Actividad 1 Las razones por las que las personas cambian de país son variadas. Lee las siguientes y ordénalas de mayor a menor frecuencia. (1 más frecuente, 9 menos frecuente).

- ✓ Encontrar un mejor trabajo que en el país de origen _____
- ✓ Tener aventuras _____
- ✓ Conocer nuevas culturas _____
- ✓ No tener una vida "digna" en el lugar de origen _____
- ✓ Aprender otros idiomas _____
- ✓ Ganar más dinero que en el país de origen _____
- ✓ Reunirse con la familia que ya vive en el país de destino _____
- ✓ Ofrecer una educación diferente a sus hijos _____
- ✓ Las guerras en el país de origen _____

Actividad 2 Haz los siguientes ejercicios relacionados con la inmigración.

Antes de leer Decide si las siguientes afirmaciones son verdaderas o falsas, según tu conocimiento del mundo.

AFIRMACIONES	V	F
1. En el mundo hay aproximadamente seis mil quinientos millones de personas.		
2. EEUU es el país que recibe más inmigrantes en el mundo.		
3. En los países desarrollados crecerá más la población que en los menos desarrollados.		
4. Hoy en día hay más desplazamientos de inmigrantes que hace 20 años.		
5. Los inmigrantes no representan un índice de crecimiento para los países en los que se instalan.		

Lectura Lee el artículo y comprueba si tus elecciones en el ejercicio "antes de leer" son correctas.

Un informe de la Comisión sobre la Población y Desarrollo de la ONU con sede en Nueva York afirma que en el mundo hay 191 millones de inmigrantes, frente a los 175 millones de hace cinco años.

La comisión, formada por 54 países desarrollados y en desarrollo, se preocupa de debatir los efectos de la migración en los países emisores y receptores, así como las condiciones de vida y el estatus de los inmigrantes. Lo que se propone es conseguir derechos para los inmigrantes que sean más coherentes. No existe coherencia hasta ahora ni en Europa, ni en

EEUU, ni en ningún lugar. Maximizar beneficios y minimizar las consecuencias negativas es una preocupación constante de la Comisión.

En los últimos años el ritmo de crecimiento de la población que emigra a otros países se ha desacelerado, ya que entre 1975 y 1990 creció en 41 millones, mientras que entre 1990 y 2006 el número de inmigrantes en el mundo se incrementó en 36 millones, aunque la población mundial es mucho mayor ahora que hace 10 años. La razón del descenso, según ha indicado la directora de la División de Población de la ONU, es que durante esos quince años regresaron a sus países de origen 20 millones de refugiados. Los países industrializados son los que reciben la mayoría de los emigrantes, y han pasado de acoger el 53% de la población inmigrante en 1990 al 61% actualmente. Hoy, uno de cada tres inmigrantes vive en Europa y uno de cada cuatro vive en América del Norte.

El informe también refleja el aumento de la población inmigrante a países en desarrollo, que alcanza a 75 millones, de los cuales 51 millones de personas se encuentran en países asiáticos, 17 millones en África y siete millones en Latinoamérica. Dado los bajos niveles de natalidad en los países ricos, los inmigrantes son la mayor fuente de crecimiento. Actualmente representan dos terceras partes del incremento demográfico y, si la tendencia continúa, entre 2010 y 2030 serán responsables prácticamente del crecimiento en las naciones industrializadas. La ONU estima que en el año 2050 habrá más de 9.000 millones de habitantes en el mundo, un aumento de la población de aproximadamente 2.500 millones con respecto a la actualidad. Los países menos desarrollados son los que tendrán un menor aumento de la población.

Después de leer Ponle un título al artículo y completa la tabla con la información.

TÍTULO		
Número de inmigrantes	Hace 5 años	Hoy
Crecimiento de inmigrantes	1975-1990	1990-2006
Porcentaje de inmigrantes que reciben los países industrializados	En 1990	Hoy
Porcentaje de inmigrantes que viven en este lugar hoy en día	Europa	América del Norte
Inmigrantes en países en desarrollo	Países asiáticos	África / Latinoamérica

En cada grupo de 4 palabras, hay una que no está relacionada con las demás. Identifícala y explica por qué no forma parte del grupo.

calidad de vida　　　mejoramiento　　　desarrollo　　　decadencia

¿Por qué? _____

inmigrante　　　emigrante　　　dictadura　　　refugiado

¿Por qué? _____

industrializado　　desfavorecido　　subdesarrollado　　tercer mundo

¿Por qué? _____

frontera　　　integración　　　división　　　separación

¿Por qué? _____

población　　　ciudadano　　　aumento　　　habitante

¿Por qué? _____

Actividad 4　Ahora, piensa en algunas palabras útiles sobre la inmigración que te gustaría aprender. Búscalas en un diccionario y escribe su traducción al español.

palabra que te gustaría saber	traducción al español
1.	
2.	
3.	
4.	
5.	
6.	
7.	

Actividad 5 Mira las siguentes fotos de inmigrantes a comienzos del siglo XX. Haz una lista de las razones por las que vinieron a EEUU y una descripción de cómo se sentían cuando llegaron.

Inmigrantes de Grecia a EEUU (1910)   Inmigrante de México a EEUU (1912)   Inmigrantes europeos en un barco (1905)

Razones por las que decidieron venir a EEUU
1. _____   3. _____
2. _____   4. _____

¿Cómo se sentían al llegar?
_____
_____
_____
_____
_____
_____

Actividad 6 Argentina, como EEUU, aceptó a muchos inmigrantes a comienzos del siglo XX. Basándote en las siguientes fotos del "hotel de inmigrantes" en Buenos Aires, escribe una comparación entre el proceso de inmigración en Argentina y EEUU.

Comparación

Actividad 7 Vas a hacer un dictado. Tu instructor/a va a leer cinco oraciones sobre la inmigración argentina. Trata de transcribirlas de forma exacta.

1. _____

_____

2. _____

_____

3. _____

_____

4. _____

_____

5. _____

_____

Actividad 8 Ahora, piensa en las experiencias de las personas inmigrantes. Haz una lista de las ventajas y desventajas de esta nueva vida.

Mujeres jóvenes estudiando por la noche en Boston

Casa de un inmigrante en Argentina

Niños inmigrantes trabajando en Alabama

Ventajas	Desventajas
1.	1.
2.	2.
3.	3.

Actividad 9 La inmigración es un tema muy controvertido hoy en día y hay muchas opiniones diferentes. Con un compañero, discutan lo que dirían estas personas sobre la inmigración a EEUU.

Ejemplo: *"Yo llegué de Irlanda con las manos vacías y conseguí ser presidente de un banco. Todos debemos tener oportunidades en la vida."* (Alguien que llegó a EEUU en 1920)

Alguien que llegó a EEUU en 1920	Un profesor universitario
Un líder político conservador	Un economista

Actividad 10 Vas a ver unas noticias relacionadas con la inmigración. Mientras las ves, toma apuntes. Después, escribe un pequeño resumen de las noticias.

Apuntes:

Resumen:

_____
_____
_____
_____
_____
_____
_____
_____
_____
_____
_____
_____
_____

Actividad 11 Busca un artículo en español relacionado con la inmigración. Puedes buscar en www.ahorasi.com si prefieres usar el Internet. Haz lo siguiente:

- Lee el artículo en casa.
- Escribe un resumen breve del artículo.
- Haz una recomendación o expresa un deseo para la gente involucrada [involved].
- Escribe una lista de 5 palabras nuevas que aprendiste.
- Prepárate para presentar tu artículo a la clase.

¡Gramaticando! El presente del subjuntivo con emociones y reacciones

Paso 1: Descubriendo la gramática...

Actividad 1 Lee las opiniones de algunas personas sobre un titular de un periódico que han aparecido en un blog y enfócate en las expresiones subrayadas. Luego, contesta las siguientes preguntas.

El gobierno destina 20% de los ingresos a ayudar a inmigrantes que tienen dificultades económicas

➢ Aquí nadie se atreve a decirlo, pero yo lo voy a hacer... ¡No me gusta que el dinero de mis impuestos se use para pagar salarios a los inmigrantes! Me pone de mal humor que el gobierno no consulte a los ciudadanos. (Antonio)

➢ Es triste que la gente se comporte de una manera tan egoísta. Me sorprende que haya gente como Antonio en este país. Hace pocos años los inmigrantes éramos nosotros. (Maricela)

➢ Pues a mí me da vergüenza que Antonio sea del mismo país que yo. (Ángel)

➢ Me alegra que alguien diga exactamente lo que piensa. Me encanta que la gente se exprese con libertad. (Julio)

➢ A mí no me molesta que se ayude a las personas de otros países. Algún día puedo ser yo la inmigrante. (Lara)

➢ Es bueno que el gobierno ayude a los inmigrantes. Pero, ¿por qué no ayuda también a los ciudadanos del país? (Celia)

---

1. ¿Qué función tienen todos los verbos y expresiones subrayados?
   a. describir, narrar o explicar
   b. expresar voluntad, deseo o necesidad
   c. expresar reacciones o emociones
   d. hacer comparaciones o contrastar

2. ¿Qué modo se usa después de estos verbos / expresiones (en la cláusula subordinada)?
   a. el indicativo
   b. el subjuntivo
   c. un mandato

3. Algunos de estos verbos son verbos como "gustar." Búscalos en el blog. ¿Qué forma del verbo se usa en estos casos (*i.e.* cuando le sigue una cláusula subordinada)?
   a. primera persona singular
   b. primera persona plural
   c. tercera persona singular
   d. tercera persona plural

⚓ MI REGLA ⚓

¿Cuándo se usa el subjuntivo?

Se usa el subjuntivo en (cláusulas principales / cláusulas subordinadas).

En el capítulo 1, aprendí que se usa el subjuntivo para expresar ___voluntad___,
___deseo___ y ___necesidad___. En esta sección, vi que también se usa el subjuntivo para expresar ___reacciones___ y ___emociones___.

La estructura de estas oraciones es:
___cláusula principal___ + ___que___ + ___cláusula subordinada___

Ejemplo: ___Es bueno que Marcos haz su tarea___.

Actividad 2   Compara las siguientes oraciones y elige la opción correcta a continuación.

a) Me molesta trabajar tan duro por un sueldo humilde.
b) Me molesta que mi padre trabaje tan duro para mantener a la familia.

   En (a), estoy reaccionando a (una situación mía / una situación de otra persona).
   En (b), estoy reaccionando a (una situación mía / una situación de otra persona).

a) Me pone alegre tener esta oportunidad en EEUU.
b) Me pone alegre que mi hijo tenga tantas oportunidades en este país.

   En (a), estoy reaccionando a (una situación mía / una situación de otra persona).
   En (b), estoy reaccionando a (una situación mía / una situación de otra persona).

⚓ MI REGLA ⚓   mis/her own situation

¿Subjuntivo o infinitivo?
1. Se usa el infinitivo cuando ___express estos reacciones, emocio___
2. Se usa el subjuntivo cuando ___Change in subject___

Actividad 1 Lee el siguiente blog de España y subraya todos los ejemplos de subjuntivo para expresar emociones o reacciones.

¿Qué piensas de la inmigración?
La veo como algo natural y necesario. Aunque hay quien se queja en los países desarrollados, la verdad necesitan inmigrantes para seguir creciendo. Algunos de mis amigos son inmigrantes y me gusta que me hablen de sus países y la manera cómo entienden la vida. Pienso que me ha hecho más tolerante.
Es malísima. No solo perjudica al país adonde van, sino que crea conflictos. No saben comportarse ni se adaptan a las costumbres. Aquí en España, incluso llegan a creerse con más derechos que nosotros.
La culpa no es de los emigrantes, sino de sus gobernantes. Cuando un país no ofrece las condiciones mínimas para vivir, es natural que la gente se vaya a otro lado a buscarse la vida. Todos haríamos lo mismo . No olvidemos la emigración española a Alemania y al resto de Europa de los años sesenta.
Personalmente, no me molesta que vivan y trabajen aquí. Ahora bien, la inmigración debe ser controlada para evitar que se convierta en una "invasión" como la que vivimos por setecientos años.
Me da igual. No obstante, estoy de acuerdo que aumenta la violencia, no por la gente en sí, sino por la falta de controlar efectivamente esta corriente humana.
Debe ser ordenada y se debe controlar para evitar problemas. Si las personas son civilizadas, no me importa que sean de otro país. Es más, me gusta aprender acerca de otras culturas.
Oigan, compañeros, de verdad me preocupa mucho la cantidad de racismo en sus comentarios. Ni aquí ni en ningún lado somos todos angelitos...hay españoles que realmente dan asco y vergüenza...

Actividad 2 Lee los pensamientos de este grupo de inmigrantes y tradúcelos al español.

It worries me that my family doesn't have enough money.

It saddens me that we can't spend more time with our kids.

It makes my wife nervous that I don't have health insurance.

We don't like that our boss won't pay us until next week.

Not having a stable job scares me a lot.

1. _____

2. _____

3. _____

4. _____

5. _____

Actividad 3 Para cada una de las siguientes fotos, escribe 3 oraciones expresando emociones con verbos como "gustar": una con un sustantivo, una con un infinitivo y una con una cláusula con el subjuntivo.

Sustantivo: *A este hombre no le gusta <u>el calor</u> de Texas.*

Infinitivo: *Le encanta <u>poder</u> trabajar en EEUU.*

Cláusula: *Le pone triste <u>que su familia esté en México</u>.*

Sustantivo: _____

_____

Infinitivo: _____

_____

Cláusula: _____

_____

Sustantivo: _____

_____

Infinitivo: _____

_____

Cláusula: _____

_____

Sustantivo: _____

_____

Infinitivo: _____

_____

Cláusula : _____

_____

Actividad 4   Escribe dos reacciones a los datos presentados en cada tabla.

Ciudadanos estadounidenses viviendo en el extranjero (1999)			
México	1.036.300	República Dominicana	82.000
Canadá	687.700	Grecia	72.500
Reino Unido	224.000	Japón	70.350
Alemania	210.880	China	65.157
Israel	184.195	Irlanda	46.984
Italia	168.967	Brasil	40.640
Las Filipinas	105.000	Polonia	39.300
Australia	102.800	Taiwán	38.000
Francia	101.750	Arabia Saudita	35.989
España	94.513	Bélgica	35.328

Fuente: http://unstats.un.org/unsd/Demographic/meetings/egm/migrationegm06/DOC%2019%20ILO.pdf

1. _____

_____

2. _____

_____

Migración entre 1995 y 2000			
	DOMÉSTICA	**DE OTRO ESTADO**	**DEL EXTRANJERO**
Alaska	43.321	95.562	12.564
California	3.087.987	1.448.964	1.407.658
Florida	1.311.950	1.860.772	652.606
Maine	92.560	107.999	10.513
Montana	83.904	111.530	6.884
New York	1.463.942	726.477	720.748
Texas	2.402.953	1.362.849	725.960
Wyoming	35.926	72.834	5.237

Fuente: http://txsdc.utsa.edu/data/census/2000/sf3/desctab/usstate/tab-018_.txt

1. _____

_____

2. _____

_____

Actividad 5 Vas a escuchar 10 oraciones sobre la inmigración a EEUU en los siglos XX y XXI. Indica la función de cada una.

	1	2	3	4	5	6	7	8	9	10
describir en el presente										
narrar en el pasado										
comparar										
hacer una pregunta										
dar consejos										
expresar una emoción										

Actividad 6 En grupos de tres van a adoptar los siguientes roles y van a defender su opinión durante 3 minutos. Preséntense a sus compañeros, expliquen qué hacen, qué sienten y qué es lo que quieren. Usen algunas de estas expresiones:

Yo creo que...	Tienes razón.	No tengo una opinión muy clara sobre este tema.
Estoy de acuerdo contigo.	No tienes razón, porque...	(No) es justo que...
Es ridículo que...	Es lógico que...	Es importante que...

Rol A: Eres de un país llamado "Curania". En tu país hay una gravísima crisis económica y has llegado a "Abundolandia", un país joven donde hay más oportunidades laborales. Pero crees que las personas de "Abundolandia" no te aceptan al 100% y trabajas 10 horas por día por muy poco dinero. Tu familia quiere venir, pero no puedes pagarles el pasaje. Quieres que el gobierno de "Abundolandia" te pague el pasaje de tu familia.

Rol B: Eres de "Abundolandia". Recientemente has perdido el trabajo y no encuentras otro. Crees que las personas de otros países no deben venir porque no hay suficientes trabajos para todos. No quieres que el dinero de tus impuestos pague gastos de los inmigrantes.

Rol C: Eres un trabajador social en "Abundolandia". Sabes que muchos inmigrantes son explotados por los empresarios. Luchas para que ayuden a mejorar la vida de esas personas. Quieres que los inmigrantes se reúnan con sus familias. Un miembro de tu familia tampoco tiene trabajo, pero crees que los ciudadanos de "Abundolandia" tienen más oportunidades que los extranjeros.

Paso 3: Reflexionando sobre la gramática...

Actividad 1 Toma la siguiente mini-prueba para probar tus conocimientos de las emociones y reacciones con el subjuntivo.

1. Emotions/reactions are always expressed with "gustar"-type verbs. _____ T _____ F

2. I use the subjunctive mood after expressions of will, wish, necessity, emotion and reaction when there is a change in subject in the subordinate clause. _____ T _____ F

3. "Gustar"-type verbs appear in the 3rd person plural form when the subject is a subordinate clause beginning with "que." _____ T _____ F

Examples of this type of sentence:

1) _____

2) _____

Actividad 2 Basándote en tu rendimiento en las actividades y la mini-prueba, completa la siguiente auto-evaluación.

	excellent	good	weak
My understanding of subjunctive usage to express emotions or reactions is...			
My mastery of the conjugation of regular verbs in the subjunctive is...			
My mastery of the conjugation of irregular verbs in the subjunctive is...			

Capítulo 2: Abriendo fronteras

Entrando en materia: La tolerancia

Actividad 1 En países que no tienen una gran tradición de recibir a extranjeros, a veces ocurren situaciones provocadas por el desconocimiento de otras culturas. Piensa cuáles pueden ser las razones por las que la gente tiene prejuicios con las personas de otras culturas. Haz una lista.

1. _____

2. _____

3. _____

4. _____

5. _____

Actividad 2 ¿Conoces a alguien parecido al hombre en esta tira cómica? Escribe una descripción breve de esta persona. Si no conoces a nadie así, invéntalo.

"It's not just drugs — Fenton has zero tolerance for *everything*."

© www.CartoonStock.com

Antes de leer Con el aumento de racismo, de la aparición de nuevas formas de discriminación y el auge de nuevas ideologías de intolerancia, la UNESCO actualizó y elaboró una serie de textos relacionados con el problema de racismo y la falta de tolerancia. Abajo, en la primera parte aparecen los títulos de algunos de esos textos; en la segunda, unas breves descripciones de la intención de cada texto. Conecta el título con su descripción.

Textos

B **1. Convención contra las Discriminaciones en la Esfera de la Enseñanza**

A **2. Declaración sobre la Raza o los Prejuicios Raciales**

D **3. Declaración Universal sobre la Diversidad Cultural**

C **4. Declaración Universal sobre el Genoma Humano y los Derechos Humanos**

E **5. Recomendación sobre la Educación para la Comprensión, la Cooperación y la Paz Internacionales y la Educación Relativa a los Derechos Humanos y las Libertades Fundamentales**

Definiciones

a. Trata las cuestiones de raza desde una perspectiva científica y política para demostrar la invalidez de teorías racistas o prejuicios raciales.

b. Reconoce la importancia decisiva de la enseñanza para lograr igualdad de oportunidades para los integrantes de cualquier grupo racial, nacional o étnico.

c. Reafirma la dignidad y valor de cada persona, sin importar sus características genéticas, y la obligación de evitar una posible manipulación genética que ponga en peligro la identidad e integridad física de futuras generaciones.

d. Presenta una nueva ética en defensa del pluralismo cultural

e. Subraya el respeto que se debe a la cultura y el respeto por la diferencias en un ambiente sin discriminación

Lectura Lee el siguiente editorial acerca de la tolerancia y haz una lista de 5 palabras nuevas que consideras importantes.

Al celebrar sus cincuenta años, la ONU (Organización de Naciones Unidas) y UNESCO tomaron la iniciativa de declarar el Año Internacional de la Tolerancia. Por lo general, los años internacionales sirven para crear conciencia y generar debate sobre cuestiones de suma importancia para la humanidad. Al designar un año para la tolerancia, estas entidades pusieron énfasis en una virtud personal que más y más se vuelve una exigencia política y jurídica para una convivencia pacífica. No en balde desde el principio las naciones que firmaron la Carta de las Naciones Unidas resolvieron practicar la tolerancia y vivir en armonía. La pregunta es si se ha logrado.

Indudablemente la tolerancia siempre se ha considerado una virtud ética. Ese reconocimiento de diversidad, de vivir y dejar vivir, de adherirse a sus propias convicciones y aceptar que los demás tengan las suyas, de disfrutar de derechos y libertades sin imponer sus opiniones a los demás—todo ello sustenta los derechos humanos. Se sabe que cualquier falta de tolerancia en grupos de diversas etnias, religiones o culturas inevitablemente desemboca en violencia. Por lo tanto, es imperativo hacer un verdadero esfuerzo para proteger la facultad de tolerar.

Desde que terminó la llamada Guerra Fría entre EEUU y la entonces Unión Soviética, se ha visto una escalada continua de conflictos sociales, religiosos y culturales. Desgraciadamente, demasiados han llevado a enfrentamientos armados, a ultraje de derechos humanos, a un sinnúmero de muertes innecesarias. Hemos de preguntarnos: ¿Hay relación entre los grupos extremistas y supremacistas? ¿Tienen algo en común la violencia contra periodistas, artistas y escritores en un país y la discriminación contra los indígenas en otras partes del mundo? ¿Cuál es la conexión entre los enfrentamientos en determinadas zonas con los ataques raciales al otro lado del mundo? Desgraciadamente, la respuesta a todas estas preguntas es una falta de tolerancia creciente.

Frente a esto, los gobiernos se alarman, la gente se alarma, y con razón. La intolerancia, que es tan antigua como nuestras "civilizaciones", ha suscitado guerras, persecuciones religiosas, violentas confrontaciones ideológicas. Parece como si fuera una parte de la esencia humana. ¿Hemos de aceptar esto como un hecho irreversible o debemos aprender a ser tolerantes? La responsabilidad de erradicar la falta de tolerancia es de cada uno de nosotros. No podemos esperar a que "los demás" tomen la iniciativa.

Después de leer   Contesta las siguientes preguntas relacionadas con el artículo.

1) Según el artículo ¿por qué fue necesario un "Año Internacional de la Tolerancia"?

Porque es necesario crear consciencia y generar debate sobre cuestiones de humanidad

3) Elige dos palabras del artículo que no conoces y búscalas en un diccionario.

esfuerzo = *effort*   *logrado* = *successful*

3) Traduce el último párrafo al inglés.

In front of this, the government is alarmed

Actividad 4 Unas personas van a hablar sobre sus primeras impresiones de un país extranjero. Mientras escuchas, escribe una lista de lo que le sorprende más a la gente. Después piensa en una recomendación para la gente que se traslada a un país extranjero.

¿Qué les sorprende más a los extranjeros cuando vienen a EEUU?

-
-
-
-
-
-
-

Recomendación: _____

_____

Actividad 5 Estás en una reunión con unos chicos que acabas de conocer. En un momento concreto sucede esta conversación. En parejas, adopten uno de los roles y continúen la conversación, intercambiando opiniones de una manera lógica. Usen algunas de las expresiones de la lista.

Rol 1: ¿Sabes una cosa? No soporto a la gente que viene de esos países subdesarrollados. Todos son ignorantes y feos.

Rol 2: No me puedo creer que digas algo tan ofensivo. Sin ánimo de ofenderte, eres un intolerante.

Rol 1: Si tú eres tan tolerante, debes respetar mi intolerancia.

- ✓ Perdona, pero...
- ✓ Perdona que te interrumpa, pero...
- ✓ Disculpa, pero...
- ✓ A mí me parece que...
- ✓ Estoy completamente en contra de lo que dices.
- ✓ Eso no es lo que dije.
- ✓ Con todos mis respetos...
- ✓ Sin ánimo de ofenderte...

Capítulo 2: Abriendo fronteras

¡Gramaticando! El presente del subjuntivo para dudar y negar

Paso 1: Descubriendo la gramática...

Actividad 1 Lee las siguientes frases y decide si expresan duda o si niegan algo. Escribe cada una en la columna correspondiente. Si sabes otras, escríbelas.

rechazo, es posible, dudo, no es verdad, refuto, no admito, no creo, niego, desconfío, no es cierto, no aseguro, no es probable, no estoy seguro/a, no sostengo, es probable

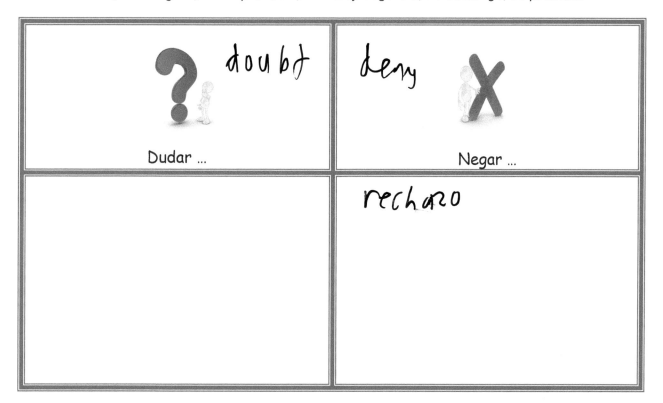

Dudar ...

Negar ...

rechazo

Actividad 2 La siguiente es parte de una entrevista que la reportera Silvana Esquivel le hizo a D. Javier Milagros, Director de la empresa de tecnología *Macro S.A.* Léela y, después, clasifica las frases subrayadas según lo que expresan: lo que creen, lo que dudan o lo que niegan los hablantes.

Esquivel: Recientemente su empresa fue reconocida por su diversidad cultural. ¿En algún momento <u>ha dudado que sea la manera de hacer negocios</u>?

Milagros: Sí, lo dudé al principio. Pero pronto me di cuenta que es muy importante para una empresa transnacional respetar las diversas identidades culturales y étnicas de sus empleados. En *Macro S. A.*, aunque hay más de 10.000 empleados, respetamos nuestra diversidad. <u>Creemos que esto contribuye a nuestra unidad.</u>

Esquivel:	Disculpe. No entiendo. ¿Piensa usted que la diversidad sirve para unir?
Milagros:	Sí. Mire, cuando los empleados retienen su identidad cultural o étnica, se sienten más seguros y, a la vez, son más receptivos hacia personas de otras culturas. <u>No es cierto que *Macro* sea ideal como ha publicado la revista *Empresas y negocios*,</u> pero hemos logrado una especie de comunidad global con su propia identidad.
Esquivel:	O sea, usted ha creado una identidad empresarial, pero sacrificando la personal.
Milagros:	No, no, no. <u>No creo que sea necesario sacrificar la identidad personal de nuestros empleados.</u> Nuestra política de empresa es enriquecer la personal. No queremos que la cultura corporativa reemplace la identidad de los empleados. Queremos que se sientan parte de un grupo, nuestro grupo. <u>Yo pienso que nos sentimos más motivados a contribuir al éxito de cualquier grupo, empresa u organización cuando se respeta la identidad individual.</u>
Esquivel:	La suya es una empresa internacional...
Milagros:	Perdone que interrumpa. Preferimos la palabra transnacional.
Esquivel:	¿Por qué?
Milagros:	<u>Nos parece que se refiere más a una conexión entre naciones.</u> Nuestra meta es colaborar con gente alrededor del mundo. Eso exige que tengamos un grupo muy unido a todos los niveles—local, regional, nacional, mundial. Como puede ver, para que esto funcione, es imperativo que nos entendamos y respetemos.
Esquivel:	¿Cree que esto es la norma en los negocios transnacionales?
Milagros:	No podemos generalizar porque <u>hay empresarios que dudan que las diferencias culturales ayuden a formar una unidad corporativa.</u> Al contrario, temen que una empresa sin un objetivo común fracase. <u>Nosotros pensamos que la empresa puede tener éxito si la gente valora la cooperación y el consenso.</u> A su vez, la empresa va a crecer con nuevas ideas.
Esquivel:	Imagine que uno de sus directores va a trabajar en el extranjero. ¿Qué le aconseja?
Milagros:	Le sugiero que vea las situaciones con la lente de la cultura local, y que aprenda lo que estas culturas le pueden ofrecer. <u>Yo estoy seguro que nos espera un sinfín de posibilidades si aceptamos la riqueza de los diversos talentos y puntos de vista de la gente.</u>

En la tabla abajo, escribe cada frase en el recuadro correspondiente.

Lo que **creen**	
Lo que **dudan**	
Lo que **niegan**	

En las oraciones de la tabla, fíjate en los verbos de las cláusulas que empiezan con *"que"* y luego completa las siguientes observaciones.

1. Si la oración expresa duda, el verbo de la cláusula subordinada está en el modo...
    a. indicativo
    b. subjuntivo

2. Si la oración niega algo, el verbo de la cláusula subordinada está en el modo...
    a. indicativo
    b. subjuntivo

3. Si no hay duda ni se niega, el verbo de la cláusula subordinada está en el modo...
    a. indicativo
    b. subjuntivo

✎ MI REGLA ✎

¿Cuándo se usa el subjuntivo?

En la sección anterior, aprendí que se usa el subjuntivo para expresar _emoçines_ y
relacciones . En esta sección, vi que también se usa el subjuntivo para
dudar y para _negar_ .

La estructura de estas oraciones es:

clausula principal + _que_ + _clausula subprvinha_

Ejemplo para dudar: _No creo que é el cielo es azul_

Ejemplo para negar: _sea_

Paso 2: Practicando la gramática...

Actividad 1 Haz oraciones usando la forma correcta del subjuntivo o indicativo. No te olvides de modificar o añadir palabras cuando sea necesario (*e.g.* concordancia, preposiciones, etc.).

1. (yo) dudar / ellos / entender / los aspectos positivos / tolerancia

Dudo que ellos entiendan los aspectos positivos de la tolerancia.

2. ser cierto / nosotros / respetar / los demás

_____

3. (tú) pensar / ella / ser / sincero / con lo que / decir

_____

4. (yo) no creer / ustedes / saber / lo que / (yo) pensar

_____

5. alguna / personas / rechazar / haber / intolerancia

_____

6. (yo) no negar / ella / tener / bueno / intenciones

_____

7. (nosotros) asegurar / eso / ser / lo justo

_____

Actividad 2 En una mesa redonda [*round table*], cinco ciudadanos estadonunidenses hicieron comentarios sobre la inmigración. Lee sus comentarios y completa las oraciones para resumir sus opiniones en tus propias palabras.

1.

"Aquí nadie se atreve a decirlo, pero yo lo voy a hacer... ¡No me gusta que el dinero de mis impuestos se use para pagar salarios a los inmigrantes!"

Antonio no cree que _____

_____

2.

"La culpa no es de los emigrantes, sino de sus gobernantes. Cuando un país no ofrece las condiciones mínimas para vivir, es natural que la gente se vaya a otro lado a buscarse la vida."

José está seguro que _____

_____

3.

"A mí no me molesta que se ayude a las personas de otros países. Algún día puedo ser yo la inmigrante."

Lara piensa que _____

_____

4.

"No soy muy optimista. Si los políticos no llegan a un acuerdo pronto, esta situación no se va a mejorar y la gente va a ser aun menos tolerante."

Marta duda que _____

_____

5.

"Personalmente, no me molesta que los inmigrantes vivan y trabajen aquí. Ahora bien, la inmigración debe ser controlada para evitar que se convierta en una 'invasión' como la que vivimos por setecientos años."

Según María, es posible que _____

_____

Ahora van a hacerse preguntas personales en parejas. Un estudiante será el "Estudiante A" y el otro será el "Estudiante B". Tomen turnos. En sus respuestas, usen el indicativo o el subjuntivo, según sea necesario.

Estudiante A:

1. ¿Piensas que los ciudadanos de EEUU **son** muy tolerantes?
2. ¿Crees que **es** buena idea casarse con alguien de otra religión?
3. ¿Piensas que **debe** ser ilegal fumar?
4. ¿Crees que algunos inmigrantes **quieren** regresar a sus países?
5. ¿Te parece que la economía en este país **va a mejorar** pronto?

Estudiante B:

1. ¿Crees que **tenemos** buenos programas de seguro médico en EEUU?
2. ¿Piensas que Texas **es** el mejor estado?
3. ¿Te parece que **hay** demasiados inmigrantes en este país?
4. ¿Crees que ser bilingüe **ayuda** a la gente?
5. ¿Piensas que todo el mundo **quiere** mudarse a EEUU?

Actividad 4 Vas a escuchar parte de un programa de la radio. Toma notas mientras escuchas. Después, completa las oraciones a continuación.

Apuntes:

1. Esta persona cree que...
   * _____
   * _____

2. Esta persona no cree que...
   * _____
   * _____

Vas a leer una transcripción de una entrevista que se hizo a un grupo de personas sobre la intolerancia. Estas fueron algunas de sus respuestas. Subraya todos los subjuntivos y explica por qué se usan.

¿Qué te sugiere la palabra tolerancia?
"Así lo primero que me viene a la mente es que dudo que muchas personas sepan lo que es la tolerancia. Recuerda los actos de violencia en este barrio el año pasado."
"Me pone de mal humor que se use tanto y se practique tan poco. ¿El banco es tolerante conmigo cuando no puedo pagar mi hipoteca? ¿Qué es tolerancia?"
"Es una palabra que quiero que mis hijos aprendan muy bien y sepan practicarla."
"Me da vergüenza que en el siglo XXI tengamos que reflexionar sobre este tema."
"Mi lema es 'vive y deja vivir'. ¿No es eso el mayor ejemplo de tolerancia?"

¿En este país somos tolerantes?
"Ja, ja, espero que se lo pregunten al gobierno. No creo que ellos sirvan de modelo."
"Claro que sí. ¿No decimos siempre que nos gusta respetar las libertades? Solo necesitamos que las nuevas generaciones también comprendan y sean tolerantes como nosotros."
"Yo no. Estoy harto de que insistan en esas tonterías. Lo bien hecho es lo que nos han enseñado toda la vida. ¿Por qué voy yo a ser tolerante con nuevas leyes que creo que están mal? Yo quiero que se respeten los valores morales de toda la vida."

Verbo en subjuntivo	¿Por qué?
1.	
2.	
3.	
4.	
5.	
6.	
7.	
8.	
9.	
10.	
11.	
12.	

Actividad 6 Vas a escribir un editorial relacionado con la tolerancia. Sigue las instrucciones.

1) **Elige uno de los siguientes temas polémicos y toma una postura (a favor o en contra):**

   ➢ abolición de la edad mínima de consumo del alcohol

   ➢ prohibición de cigarrillos en espacios públicos

   ➢ prohibición de los símbolos religiosos en las escuelas públicas

   ➢ uniformes en todas las escuelas públicas en Estados Unidos

   ➢ seguro médico gratis para los desempleados

2) **En tu editorial, debes incluir varios tipos de subjuntivo (para expresar voluntad/deseo, reacciones/emociones y para dudar/negar).**

3) **Incluye también al menos 2 de los siguientes conectores:**

al contrario / frente a esto / por culpa de / sin embargo / como consecuencia

Paso 3: Reflexionando sobre la gramática...

Actividad 1 Toma la siguiente mini-prueba para probar tus conocimientos del subjuntivo para dudar y negar.

1. I use the subjunctive mood in the main clause when I express doubt or denial.

_____ T _____ F

2. Expressions of doubt or denial that are negated (such as "no dudo que..." and "no niego que...") trigger subjunctive in the subordinate clause. _____ T _____ F

3. After "Pienso que...," I use the (indicative / subjunctive) mood.

4. After "No es cierto que...," I use the (indicative / subjunctive) mood.

5. After "Es probable que...," I use the (indicative / subjunctive) mood.

Examples of a sentence expressing doubt and a sentence expressing denial:

1) _____

2) _____

Actividad 2 Basándote en tu rendimiento en las actividades y la mini-prueba, completa la siguiente auto-evaluación.

	excellent	good	weak
My understanding of subjunctive usage to express doubt or denial is...			
My mastery of the conjugation of regular verbs in the subjunctive is...			
My mastery of the conjugation of irregular verbs in the subjunctive is...			

Auto-prueba

Actividad 1 Llena los espacios con la mejor opción del banco de palabras. ¡Cuidado con la concordancia de los verbos, sustantivos y adjetivos!

escolarización	los demás	molestar	lograr
equitativo	pobreza	integración	desarrollo
mejora	crecimiento	habitante	raza
dar asco	dar lo mismo	derecho	preocupar

1. Los estudios de población dicen que el _____ de los países menos desarrollados será menor que el de los países desarrollados.

2. No podemos esperar que _____ tomen la iniciativa de solucionar nuestros problemas.

3. Nos _____ que la carne esté poco cocinada. No podemos comerla.

4. En los pueblos indígenas no todos los niños tienen acceso a la _____. La ONU está luchando contra esta injusticia.

5. Me _____ los políticos que dicen mentiras. Siempre me ponen de mal humor.

6. La sociedad intenta _____ un buen nivel de bienestar social para todos los ciudadanos.

7. A mis padres les _____ mucho la tasa de desempleo en nuestra ciudad.

8. Todos los ciudadanos de este país merecen un tratamiento _____.

Actividad 2 Indica si las siguientes oraciones son ciertas [C] o falsas [F].

_____ C _____ F   1. Los pueblos indígenas, a pesar de haber mejorado, sufren hoy en día índices altos de pobreza y falta de educación.

_____ C _____ F   2. En Bolivia y Guatemala los indígenas tienen condiciones de vida muy superiores a otros países.

_____ C _____ F   3. En los últimos años los índices de emigraciones han aumentado.

_____ C _____ F   4. Uno de cada tres inmigrantes vive en Europa y uno de cada cuatro en América del Norte.

_____ C _____ F   5. El gobierno estadounidense declaró el "Año Internacional de la Tolerancia".

Actividad 3 Elige la mejor respuesta para completar cada una de las siguientes oraciones.

1. A los ciudadanos de este país _____ la economía. Muchos temen perder sus trabajos.

    a. le preocupa   b. le preocupan   c. les preocupa   d. les preocupan

2. A mi novia _____ nerviosa los exámenes. La noche anterior a un examen nunca duerme.

    a. le ponen   b. le dan   c. le hacen   d. le están

3. A nosotros no nos molesta que _____ los impuestos. Ahora no pagamos porque somos jóvenes. Ya lo pensaremos en el futuro.

    a. aumentan   b. aumenten   c. aumentamos   d. aumentemos

4. Me pone tan triste _____ cómo viven algunos niños en el mundo.

    a. viendo   b. ver   c. veo   d. vea

5. Es probable que a esos estudiantes no les _____ llevar uniformes a la escuela.

    a. gusta   b. gustan   c. guste   d. gusten

6. Pienso que a esa gente le _____ demasiado el tamaño de su auto. Para ellos, eso indica su grado de bienestar social.

    a. preocupa   b. preocupan   c. preocupe   d. preocupen

Actividad 4 Hay un error en cada uno de los párrafos. De las tres opciones, selecciona la palabra que contiene un error y escribe la forma correcta en el espacio indicado.

1. Acabo de leer en el periódico la noticia sobre la falta de escolarización de los niños indígenas. Me **da** vergüenza que los gobiernos **son** tan egoístas y tan poco respetuosos con sus ciudadanos. Dudo que **cambien** en el futuro.

    palabra incorrecta: _____   palabra corregida: _____

2. Mi amiga Dolores trabaja en una organización de ayuda a los refugiados. Dice que a la mayoría le **preocupa** su futuro. No **quieren** volver a sus países. No creen que el gobierno les **permite** vivir aquí para siempre.

    palabra incorrecta: _____   palabra corregida: _____

3. El gobierno quiere establecer el seguro universal para todos los ciudadanos. Hay personas que no creen que eso **sea** bueno para el país. El presidente duda que **puede** hacerlo en 2 años. A los partidos de la oposición les preocupa **perder** votos por no apoyar al presidente.

    palabra incorrecta: _____   palabra corregida: _____

Noticias y sociedad

Actividad 1 Haz las siguientes actividades relacionadas con un artículo periodístico sobre la desnutrición en México.

Pre-lectura Contesta las siguientes preguntas antes de leer el artículo.

What problems do you associate with poverty? (make a short list in English)

Now, using new words from the Chapter 2 vocabulary list, write three sentences **in Spanish** describing a few of the economic and/or health-related problems that we are facing in the U.S.

1. _____

_____

2. _____

_____

3. _____

_____

What types of services/programs does the U.S. government provide to help children suffering from poverty? (make a short list in English)

Based on what you already know about Mexico, write 2 sentences **in Spanish** comparing these issues in the U.S. and in Mexico (Don't forget to use the appropriate comparison formula!).

1. _____

_____

2. _____

_____

Lectura Lee el siguiente artículo y haz las actividades correspondientes.

Desnutrición en México: Retos y Soluciones

Desgraciadamente la desnutrición infantil en comunidades rurales e indígenas en los estados mexicanos de Guerrero, Michoacán, Durango y Chihuahua impide que miles de niños **crezcan** sanamente o aprovechen la escolarización. Tan solo en la sierra Tarahumara se registraron 36 **fallecimientos** en los primeros meses del año. Este alto índice de mortalidad se debe a la desnutrición, la falta de agua e higiene y **la escasez de recursos económicos para más instalaciones hospitalarias**.

La cifra es alarmante en Guerrero donde **más de** 40 mil niños menores de cinco años sufren graves consecuencias por la extrema pobreza en que vive la familia. Para combatir la falta de alimento, el gobierno estatal ha elaborado un plan que, **además de** continuar con la entrega de desayunos **escolares**, capacita a las familias para producir sus propios alimentos y mejorar su educación y salud.

1. ¿Por qué crees que se usa el subjuntivo ("crezcan") después de "impide que"?
   a) porque expresa duda
   b) porque una entidad quiere influir en otra entidad
   c) porque expresa una emoción o reacción

2. La palabra "fallecimiento" es sinónimo de _____.

3. En tus propias palabras (en español), reescribe la frase siguiente: "la escasez de recursos económicos para más instalaciones hospitalarias"._____
_____

4. ¿Por qué se usa "más _de_" en vez de "más _que_"?
_____

5. ¿Según el contexto, qué significa "además de"?
   a) in addition
   b) in addition to
   c) additionally

6. ¿Cuál es la diferencia entre las palabras "escolar" y "escuela? (Piensa en las parejas "universidad" / "universitario" y "estudiante" / "estudiantil"). _____
_____

7. En tus propias palabras, explica lo que está haciendo el gobierno mexicano para ayudar a las familias en Guerrero. _____
_____
_____

En Michoacán, el Congreso del estado ha autorizado una cantidad de **70 millones de pesos** para entregarles a las familias paquetes de leche en polvo enriquecida con ácido fólico, vitaminas A, C, D y hierro. **Se** aconseja que los niños beban un vaso de leche por la mañana y otro por la noche, durante ocho semanas. Mientras tanto, **se** les hace una revisión **mensual** a los menores, y al cumplir las ocho semanas, **se** les hace entrega de más leche. Hasta la fecha **se** ha atendido a más de cincuenta mil niños.

Además de la escasez alimenticia, lasque, costumbres también afectan la desnutrición. En uno de los municipios con **menor nivel de desarrollo** de todo el país, hay graves problemas de desnutrición. En parte **se** debe a que, por uso y costumbre, la dieta de estos niños **se** basa únicamente en tortillas y chile. Los varones adultos logran comer un poco mejor que los pequeños y las mujeres porque, según su cultura, el jefe de familia es quien debe estar mejor.

---

8. El programa recibió 70.000.000 de pesos del gobierno. Visita el sitio http://www.xe.com.

¿Cuál es el equivalente en dólares americanos (USD)? _____ ¿Te parece suficiente

dinero para mejorar esta situación? _____

9. ¿Qué significa la palabra "mensual"? _____

10. Hay muchos ejemplos de "se" en la sección anterior. ¿De qué tipo de "se" se trata?
    a) un pronombre de complemento indirecto
    b) un "se" reflexivo
    c) un "se" recíproco
    d) un "se" pasivo / impersonal

11. En tus propias palabras, ¿qué significa "menor nivel de desarrollo"?

_____

12. En tus propias palabras, reescribe la última oración de la sección anterior ("*Los adultos...*").

_____

Eloxochitlán, en la sierra Norte de Puebla, es el municipio número 23 con los peores niveles de desarrollo en el país, mayormente debido a su **ubicación** que hace que las condiciones de vida sean extremadamente **precarias**. Afortunadamente una de las pasadas funcionarias estatales ha lanzado un programa para proveer desayunos calientes a los menores de edad, reduciendo así la desnutrición infantil y asegurando que todos los menores **acudan con regularidad** a la escuela. En la actualidad es el programa más usado para combatir la desnutrición infantil en el estado de Puebla. A los escolares se les dan leche y complementos alimenticios para que se fortalezcan y tengan un mejor rendimiento en la escuela.

Se espera que con programas como estos y una atención dirigida a las comunidades marginadas, la precaria situación infantil **se mejore**.

13. ¿Qué significa la palabra "ubicación"? _____

14. ¿Cuál es un sinónimo de la palabra "precarias"?

      a) polémicas   b) peligrosas   c) potenciales   d) prejuicios

15. ¿Qué significa "acudir con regularidad a la escuela"?
    a) siempre odiar la escuela
    b) asistir a la escuela regularmente
    c) perder las clases con regularidad

16. ¿Por qué aparece en subjuntivo "se mejore"? _____

Después de leer Contesta las siguientes preguntas basándote en lo que leíste.

En tus propias palabras, escribe dos reacciones a lo que leíste en el artículo. ¿Qué te molesta?, ¿Qué te sorprende?, ¿Qué te gusta?, etc.

1. _____

_____

2. _____

_____

Ahora, escribe dos opiniones sobre el futuro de esta región, usando expresiones de la lista.

Creo que...	*Dudo que...*	*No pienso que...*	*Es posible que...*

1. _____

_____

2. _____

_____

Finalmente, dale una recomendación al gobierno mexicano.

Actividad 2 Mira todos estos carteles que se encontraron en varias ciudades en los Estados Unidos. Después, contesta las preguntas a continuación.

¿Qué te dicen sobre la situación lingüística de nuestro país? _____

_____

¿Qué propósito tienen todos estos carteles? _____

_____

Actividad 3 Contesta estas preguntas sobre 2 carteles que se encontraron en otros países.

¿Qué idiomas se ven en este cartel?

_____

¿En qué país crees que se encuentra el cartel? ¿Por qué?

_____

_____

Este cartel está escrito en 6 idiomas. ¿Por qué crees que fue necesario incluir todos estos idiomas?

_____

_____

_____

_____

_____

_____

El lenguaje vivo: El bilingüismo y contacto de lenguas

Aunque el bilingüismo y el contacto de lenguas son dos cosas diferentes, en su fondo tienen en común que nacen de un encuentro cultural.

Bilingüismo

¿Qué piensas que es ser bilingüe? _____

_____

¿Hace falta dominar las dos lenguas para considerarse bilingüe? _____

_____

Además de hablar, ¿crees que incluye otro tipo de comunicación? _____

_____

¿Se puede llegar a ser bilingüe cuando uno es adulto? _____

_____

Indudablemente, la globalización ha puesto las lenguas en contacto, pero también ha resaltado que en muchos sitios ya se habla inglés. Por lo tanto muchos estadounidenses no creen que sea necesario aprender otras lenguas; es más, creen que el inglés se debe convertir en la única lengua que se hable. ¿Qué piensas tú?

Muchos piensan en el inglés y el español al hablar de bilingüismo, pero en realidad hay innumerables combinaciones a través de todo el mundo. Dentro del mismo español, en España se hablan castellano, catalán, gallego y euskera, entre otras. En la Guinea Ecuatorial se hablan español y lenguas autóctonas. Como es de esperar, en los países latinoamericanos se hablan español y, con frecuencia, alguna lengua indígena: En Sudamérica, unas de las principales son el guaraní y el quechua. También hay regiones donde se hablan portugués, alemán, italiano y patois. Puerto Rico es un ejemplo especial: allí existen, codo con codo, el inglés y el español, pero no se usan en todas las circunstancias ni la mayoría de los hablantes son bilingües. Un idioma que se escucha cerca de Brasil es el portuñol. ¿De qué dos lenguas crees que se deriva?

¿Crees que las siguientes declaraciones son ventajas (V) o inconvenientes (I) de ser bilingüe?

____ *Hay más flexibilidad para elegir un lugar donde vivir y trabajar.*

____ *Desarrolla sensibilidad multicultural, mayor tolerancia y armonía social.*

____ *Aumenta las destrezas analíticas, el razonamiento lógico y la flexibilidad cognitiva.*

____ *Puede impedir un desarrollo adecuado en las lenguas que se hablan.*

____ *Estimula creatividad; ayuda a ser flexible y poder adaptarse.*

____ *Aumenta las destrezas interpersonales y sociales.*

El contacto con otras lenguas

Al entrar en contacto con otras lenguas, el español se ha enriquecido. Algunos de estos contactos vienen de siglos atrás, pero otros son más recientes.

- Las siguientes palabras en español se han prestado de otros idiomas. Clasifícalas según el idioma de origen.

hotel	*ratón*	*espaguetis*	*novela*
chau	*pantalón*	*naranja*	*p.c.*
alfombra	*servilleta*	*sofá*	*garantía*
café	*formayo*	*ojalá*	*back-up*
moda	*tenis*	*golf*	*limón*
surf	*cero*	*balcón*	*lasaña*

inglés	italiano	árabe	francés
_____	_____	_____	_____
_____	_____	_____	_____
_____	_____	_____	_____
_____	_____	_____	_____
_____	_____	_____	_____
_____	_____	_____	_____

¿Conoces otros ejemplos? Escríbelos. _____

_____

- Ahora, piensa en el inglés. ¿Qué palabras crees que son resultado del contacto entre el español y el inglés? Haz una lista.

español → inglés		inglés → español	
_____	_____	_____	_____
_____	_____	_____	_____
_____	_____	_____	_____
_____	_____	_____	_____

Conferencia

A tu universidad acaba de llegar un famoso sociólogo para dar una conferencia sobre la población mundial. Escucha su conferencia y toma apuntes en otra hoja de papel. Después, con un compañero, discutan sus apuntes y hagan un resumen sobre los puntos más importantes. Al final, escriban una reacción, un deseo y una duda sobre el tema tratado.

Resumen:

_____
_____
_____
_____
_____
_____
_____
_____
_____
_____
_____

Reacción: _____

_____

Deseo: _____

_____

Duda: _____

_____

Mejorando el discurso: Actos de habla

Actividad 1 Lee los siguientes mini-diálogos y fíjate en todas las expresiones subrayadas. Decide si el diálogo es formal o informal y escríbelo en la línea de abajo.

Diálogo 1
Una madre y una hija están hablando sobre la ropa que lleva la joven.
A la madre no le gusta la ropa de su hija.

Madre: <u>Mira</u>, hija, mientras vivas en mi casa, no vas a salir a la calle con esa ropa.
Hija: Mamá, <u>perdona que te contradiga</u>, pero son mis gustos y es mi estilo.
Madre: <u>Yo creo</u> que estás horrible así vestida.
Hija: <u>No quiero ser grosera</u>, pero voy a vestirme como yo quiera. <u>Siento contradecirte</u>, Mamá.

Tipo de diálogo: _____

Diálogo 2
El director de una escuela le dice al representante de los padres de los alumnos que los chicos no pueden llevar símbolos religiosos.

Director: <u>Mire</u>, Sr. Carrero, le he convocado a esta reunión para decirle que a partir de ahora los estudiantes no pueden llevar símbolos religiosos a la vista.
Sr. Carrero: <u>Con el debido respeto</u>, Director, <u>yo creo que</u> los estudiantes pueden llevar los símbolos que quieran y...
Director: <u>Perdone que le interrumpa</u>, pero estamos en un país laico y lo religioso es una cuestión personal, no pública.
Sr. Carrero: Señor, <u>yo no creo que</u> tenga razón. Los derechos de las personas son intocables.
Director: Señor, <u>mi opinión es que</u> en un país laico, los símbolos religiosos no se pueden permitir.
Sr. Carrero: <u>No estoy de acuerdo con Ud</u>. <u>Hablaremos más sobre el tema</u> en la próxima junta.

Tipo de diálogo: _____

Diálogo 3
Dos estudiantes hablan sobre el tema de la prohibición de los símbolos religiosos.

Janira: <u>Oye</u>, ¿has escuchado que a partir de ahora no podemos llevar símbolos religiosos?
Arturo: ¿QUÉ?
Janira: Sí, lo que oyes. <u>¿Cuál es tu opinión sobre este tema?</u>
Arturo: Pues, <u>no sé, la verdad</u>. <u>Es un tema muy complejo</u>. ¿Tú qué piensas?
Janira: <u>A mí me parece que</u> esta ley ataca las libertades personales. <u>Con todos mis respetos</u>, estoy totalmente en contra del director en este tema. ¿Por qué no puedo llevar algo que demuestre mi fe?
Arturo: <u>Es verdad, estoy de acuerdo contigo</u>.
Janira: <u>¿Qué te parece si</u> escribimos algo en el periódico de la escuela?

Tipo de diálogo: _____

Clasifica las expresiones subrayadas en los 3 diálogos según su función. Añade si se trata de una expresión formal o informal.

Función	Expresiones y registro (formal o informal)
Abrir el discurso	*Mira (informal); Mire (formal); Oye (informal)*
Ser cortés	
Expresar opinión	
Interrumpir	
Mostrar desacuerdo	
Mostrar acuerdo	
Cerrar la conversación	
Pedir la opinión	
No tener una opinión clara	
Sugerir	

Actividad 3 En parejas, una persona expresa las siguientes opiniones y la otra persona expresa desacuerdo, usando las expresiones de la lista. Háganlo rápido.

Opiniones:

1) La intolerancia es más popular en los países menos cultos.
2) Hay inmigrantes de primera categoría y de segunda categoría.
3) Los jóvenes ahora son más conservadores que hace 20 años.

Expresiones de desacuerdo:

- ✓ Yo no creo que... (+ subjuntivo).
- ✓ No estoy de acuerdo contigo.
- ✓ Estoy totalmente en contra de lo que dices.
- ✓ Yo no creo que tengas razón.

Ejemplo: Estudiante A: *Un símbolo nazi es solo una decoración.*
 Estudiante B: *Yo no creo que sea una decoración.*

Actividad 4 En parejas, una persona empieza a hablar y la otra la interrumpe, usando las expresiones de la lista. Háganlo rápido.

Declaraciones:

1) Me molesta mucho que mis vecinos pongan música de su país con volumen muy alto y...
2) Me gustan los conciertos de músicas del mundo. El año pasado...
3) Mi abuelo vino de Polonia en 1950 y cree que los inmigrantes dan riqueza a un país. Además...
4) Yo creo que si los políticos hacen charlas en la televisión sobre la tolerancia, los niños aprenden a respetar y, además...

Expresiones para interrumpir:

- ✓ Perdona que te interrumpa, pero...
- ✓ Perdona, pero...
- ✓ Si me permites...
- ✓ Un momento, por favor...

Ejemplo: Estudiante A: *Yo creo que en algunos países las personas desconocen la realidad de la situación social...*
Estudiante B: *Perdona que te interrumpa, pero no estoy de acuerdo.*

Actividad 5 A veces no tienes una opinión o no sabes bien qué responder. En parejas, una persona hace preguntas y la otra responde con las expresiones de la lista.

Preguntas:

1) ¿Qué opinas de la intolerancia?
2) ¿Crees que todos los pueblos indígenas tienen problemas económicos?
3) ¿Qué te parece que casi ningún político sea indígena?

Expresiones para indicar la falta de una opinión muy clara:

- ✓ Pues, no sé, la verdad.
- ✓ La verdad es que no lo tengo muy claro.
- ✓ Creo que es un tema muy complejo.
- ✓ Depende de muchas cosas.

Ejemplo: Estudiante A: *¿Qué opinas de la política económica del gobierno?*
Estudiante B: *Pues, no sé, la verdad, pero creo que lo están haciendo bien.*

¡A investigar!

Tu profesor/a te va a asignar un tema para la tarea final (un debate). En el Internet, investiga el tema asignado y escribe 5 datos interesantes que te pueden ayudar a defender tu postura en el debate.

1.

2.

3.

4.

5.

Pensrr

Crecr

UN DEBATE

En grupos, van a hablar de varios temas sociales controvertidos. Ya que es un debate, van a expresar sus opiniones, expresar acuerdo / desacuerdo, interrumpir, etc. No se olviden de usar las expresiones que han aprendido en la sección "Mejorando el discurso".

1. Los países industrializados son superiores a los países subdesarrollados.

2. Debe ser ilegal fumar y beber alcohol en este país.

3. Nuestro gobierno debe permitir que todos los inmigrantes vengan a EEUU sin restricciones.

4. Los EEUU necesita un Seguro Médico Universal.

5. Las personas de diferentes religiones no se deben casar.

6. Los hijos de inmigrantes deben recibir una educación universitaria gratís.

da → noun pone → adjectives (handwritten)

Verbos como "gustar"

You probably remember from your beginning Spanish classes that "gustar" is an important verb with special word-order and conjugation rules. In fact, there is actually a large group of verbs and verb phrases in Spanish that express a wide variety of subjective reactions and have the same grammatical rules. Some of the most common "gustar"-type verbs are listed below.

me gusta	*it pleases me (I like)*	**me molesta**	*it bothers me*
me encanta	*it enchants me (I love it)*	**me preocupa**	*it worries me*
me interesa	*it interests me*	**me aburre**	*it bores me*
me importa	*it matters to me*	**me enoja**	*it angers me*
me fascina	*it fascinates me*	**me pone triste**	*it makes me sad*
me alegra	*it makes me happy*	**me pone nervioso/a**	*it makes me nervous*
me pone alegre	*it makes me happy*	**me da asco**	*it makes me sick*
me da igual	*it makes no difference*	**me da vergüenza**	*it makes me ashamed*
me da lo mismo	*to me (I don't care)*	**me da miedo**	*it makes me scared*

In order to use these verbs properly, you need to learn the "formula" or correct sentence structure, which is shown below:

optional (for emphasis or clarification)		basic components of sentence		
the preposition "A"	PERSON(S) experiencing the emotion	indirect object PRONOUN	VERB 3rd person singular or plural	the thing(s), person(s), or action(s) causing the emotion
A	mí	me	fascina	la política
A	ti	te	aburren	las noticias
A	Juan	le	preocupan	sus préstamos
A	nosotros	nos	pone nerviosos	la influenza
A	mis hermanos	les	encanta	viajar al extranjero

indirect object (handwritten)   *subject* (handwritten)

Two important things to keep in mind:

- Always use an indirect (not direct) object pronoun with these verbs: *me, te, le, nos, les*.
- Always conjugate the verb according to the thing/person/action *causing* the emotion or reaction.

If the subject (the cause of the emotion) is...	Conjugate the verb in the...
a singular noun	
an infinitive or series of infinitives	3rd person singular (ej: "gusta")
a clause beginning with "que"	
a plural noun	3rd person plural (ej: "gustan")
two or more singular nouns	

Don't forget that these verbs can be used in any verb tense!! For example:

Me **puso** triste la historia de ese niño.
De niños, nos **daban** igual las noticias.
Ojalá que no te **aburra** la película.
Creo que le **va a gustar** su clase en Santander.

That boy's story made me sad.
As children, we didn't care about the news.
I hope the movie doesn't bore you.
I think he is going to like his class in Santander.

El presente del subjuntivo con emociones y reacciones

You've already seen that the subjunctive mood appears in subordinate clauses. In Chapter 1, you used the subjunctive to express will, wish and necessity. However, it is also used with emotions and reactions. The structure of these sentences is the same:

emotion / reaction (in indicative mood)	"que"	subordinate clause (in subjunctive mood)
Es increíble	*que*	***haya** tanta pobreza en esta ciudad.*
Me molesta mucho	*que*	*mi esposo **trabaje** todos los días.*
Es una lástima	*que*	*no **puedan** solucionar el problema.*
Nos preocupa	*que*	*el gobierno no nos **permita** emigrar.*

Remember that the subjunctive is used in the subordinate clause when there is a change in subject. Therefore, you should use an infinitive when a person is reacting to his/her *own* situation. For example:

Me gusta ganar mucho dinero.   *I like to earn a lot of money.*
Me gusta que mis hijos ganen mucho dinero.   *I like that my children earn a lot of money.*

Le alegra hacer de voluntaria.   *Volunteering makes her happy.*
Le alegra que su hijo haga de voluntario.   *It makes her happy that her son volunteers.*

Es increíble conocer a nueva gente.   *It's incredible to meet new people.*
Es increíble que conozcamos a nueva gente.   *It's incredible that we're meeting new people.*

El presente del subjuntivo para dudar y negar

The subjunctive mood is also used to express doubt, denial and disbelief. Again, the subjunctive appears in the subordinate clause:

doubt / denial / disbelief (in indicative mood)	"que"	subordinate clause (in subjunctive mood)
Dudo	*que*	***podamos** emigrar a ese país.*
Es posible	*que*	*los grupos **lleguen** a un acuerdo.*
No crees	*que*	*ese tratamiento **sea** justo.*
No nos parece	*que*	***tengan** los recursos necesarios.*

This category can be tricky, since the word "no" can sometimes add or remove doubt and, therefore, affect the choice of mood. You need to pay close attention to the meaning. For example:

Creo que **es** justo.   (indicative, since there is no doubt/denial/disbelief)
No creo que **sea** justo.   (subjunctive, since there is disbelief/denial)

Me parece que **tiene** razón.   (indicative, since there is no doubt/denial/disbelief)
No me parece que **tenga** razón.   (subjunctive, since there is disbelief/denial)

Dudo que nos **pueda** ayudar.   (subjunctive, since there is doubt)
No dudo que nos **puede** ayudar.   (indicative, since there is no doubt/denial/disbelief)

Es posible que **haya** una guerra.   (subjunctive, since there is doubt)
No es posible que **haya** una guerra.   (subjunctive, since there is disbelief/denial)

Capítulo 2: Vocabulary at a Glance

El bienestar social

SUSTANTIVOS

el analfabetismo	*illiteracy*
el asco	*disgust*
el aumento	*increase*
el bienestar	*well-being*
la cifra	*number, figure*
la década	*decade*
la desnutrición	*malnutrition*
la edad	*age*
la enfermedad	*illness, disease*
la escolarización	*schooling, education*
la falta	*lack*
la incidencia	*incidence*
el/la indígena	*indigenous person*
la lástima	*shame, pity*
la mejora	*improvement*
el miedo	*fear*
la mitad	*half*
la mortalidad	*mortality*
la natalidad	*birth rate*
la pobreza	*poverty*
el recurso	*resource*
el SIDA	*AIDS*
el sueldo	*salary*
la vergüenza	*shame, disgrace*

VERBOS

alegrar	*to make happy*
apoyar	*to support*
asistir	*to attend to, offer aid*
enfrentar	*to confront, face*
establecer [zc]	*to establish*
interesar	*to interest*
mejorar	*to improve*
molestar	*to bother*
preocupar	*to worry*
quitar	*to remove*
sorprender	*to surprise*
sumar	*to add*

ADJETIVOS

agudo/a	*acute, pronounced*
alarmante	*alarming*
armado/a	*armed*
desfavorecido/a	*disadvantaged*
equitativo/a	*equal, fair*
grave	*grave, serious*
industrializado/a	*industrialized*
profundo/a	*profound*
severo/a	*severe*
subdesarrollado/a	*underdeveloped*

La inmigración

SUSTANTIVOS

el beneficio	*benefit*
la comisión	*commission*
el crecimiento	*growth*
la cuestión	*question, issue*
la culpa	*blame*
el descenso	*decrease*
el/la emigrante	*migrant*
la frontera	*border*
la fuente	*source*
el/la habitante	*inhabitant*
el informe	*report*
el/la inmigrante	*immigrant*
el impuesto	*tax*
la integración	*integration*
la propuesta	*proposal*
el racismo	*racism*
la raza	*race*
la separación	*separation*

VERBOS

alcanzar	*to reach*
atreverse (a)	*to dare (to)*
cruzar	*to cross*
debatir	*to debate*
deportar	*to deport*
emigrar	*to migrate*
estimar	*to estimate, calculate*
intentar	*to attempt*
lograr	*to achieve*

ADJETIVOS

conservador/a	*conservative*
controvertido/a	*controversial*
digno/a	*worthy*
estable	*stable*
indocumentado/a	*undocumented*
liberal	*liberal*
polémico/a	*controversial*

La tolerancia

SUSTANTIVOS

la aceptación	acceptance
el auge	heydey
el chiste	joke
la comprensión	understanding
la convención	convention
la convicción	belief, conviction
la costumbre	custom
la creencia	belief
la igualdad	equality
la iniciativa	initiative
la intolerancia	intolerance
la invalidez	invalidity
el malentendido	misunderstanding
la meta	goal
la nacionalidad	nationality
la paz	peace
el prejuicio	prejudice
la religión	religion
el respeto	respect
el valor	value, worthiness
la virtud	virtue

VERBOS

adherirse [ie] (a)	to adhere (to)
alarmarse	to become alarmed
burlarse (de)	to make fun (of)
cuestionar	to question
declarar	to declare
evitar	to avoid
generar	to generate
imponer	to impose
negar	to deny, negate
rechazar	to reject
refutar	to refute
servir [i]	to serve
sostener [ng]	to sustain

ADJETIVOS

decisivo/a	decisive
étnico/a	ethnic
extremista	extremist
global	global
ideológico/a	ideological
imperativo/a	imperative
ligado/a	linked
mutuo/a	mutual
supremacista	supremacist
transnacional	transnational

Palabras y expresiones útiles

al contrario	on the contrary
los demás	the rest, the others
frente a esto	in light of this
ni siquiera	not even
por culpa de	through the fault of, owing to

sugerir [ie]	to suggest
tal es el caso	that's the case
tomar en cuenta	to take into account
si me permites..	if you'll allow me...
un sinfín de…	an endless amount of…

Mis propias palabras

_____

_____

_____

_____

_____

_____

_____

_____

_____

_____

Ni el cielo es el límite

descrubrimientos y avances   exploración   ingeniería genética

*"El futuro tiene muchos nombres. Para los débiles es lo inalcanzable.
Para los temerosos, lo desconocido. Para los valientes es la oportunidad."*
Víctor Hugo (escritor francés)

Codo a codo con el contenido:

En este capítulo vamos a pensar en lo ilimitado del futuro. Para comunicar nuestras ideas,
vamos a usar:
- el futuro
- el subjuntivo con conjunciones de propósito, contingencia y tiempo
- el subjuntivo con antecedentes inexistentes e indefinidos

También seremos capaces de:
- reconocer palabras creadas para conceptos nuevos
- usar conectores para mejorar la escritura

Nuestra tarea final: UN ENSAYO ARGUMENTATIVO

¡Déjate volar!

¿Qué visualizas cuando piensas en el año 2100? Pon una "X" en la foto que mejor representa tu imagen del futuro. Después, escribe una descripción breve de este mundo.

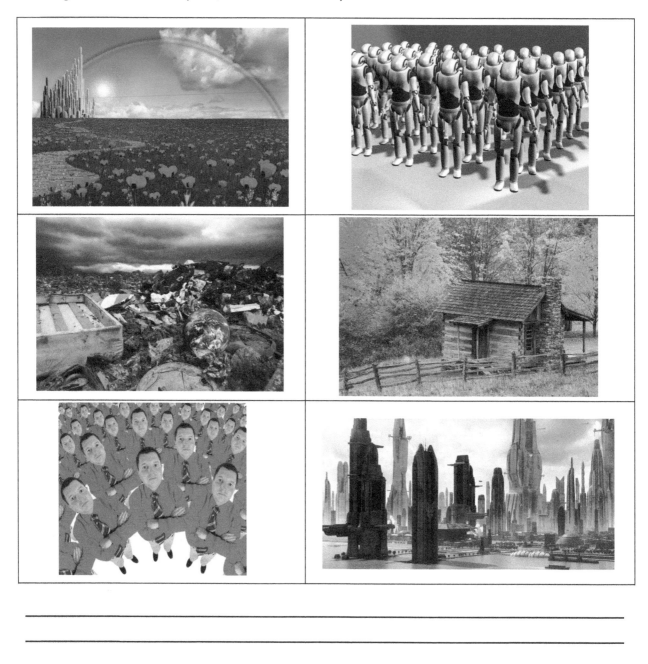

_____

_____

_____

_____

_____

_____

Abriendo el tema

Actividad 1   Haz un viaje imaginario a tu futuro. Clasifica cada acción con "sí", "no", o "quizás". Luego indica el año en el que ocurrirán.

graduarme: _____

año: _____

clonarme: _____

año: _____

casarme: _____

año: _____

vivir en
otro planeta: _____

año: _____

tener el
trabajo ideal: _____

año: _____

ser famos@: _____

año: _____

Actividad 2   Piensa en el año 2020. ¿Cómo te imaginas que será la vida? Lee las siguientes informaciones y ordénalas de más a menos probable. Usa 1 para más probable y 6 para menos probable.

EN EL FUTURO VAMOS A TENER...	PROBABILIDAD
computadoras que piensan por sí mismas.	
coches autodirigidos.	
chips cerebrales para aprender sin esfuerzo.	
vacaciones virtuales.	
políticos robóticos que resuelven cualquier problema.	
máquinas del tiempo.	

Mira estas fotos relacionadas con el futuro. Usando un diccionario, escribe un verbo [V], un sustantivo [S] y un adjetivo [A] apropiados para cada una.

V: _____

S: _____

A: _____

V: _____

S: _____

A: _____

V: _____

S: _____

A: _____

V: _____

S: _____

A: _____

V: _____

S: _____

A: _____

V: _____

S: _____

A: _____

Entrando en materia: Descubrimientos y avances

Actividad 1 Ha habido muchos descubrimientos científicos en las últimas décadas. Lee las siguientes descripciones de varios descubrimientos recientes y escribe una opinión acerca de cada uno. Puedes expresar deseos, emociones, duda, etc.

¿Vida en el planeta rojo? El hallazgo de grandes cantidades de metano (*methane*) en Marte, el cuarto planeta, ha reabierto la posibilidad de que realmente haya vida allí, ya que este elemento principalmente lo generan microorganismos y material orgánico en descomposición. Aunque existe la posibilidad de metano de origen mineral, los exobiólogos tienen muchas esperanzas de encontrar vida en Marte.

Opinión: *Es interesante que haya metano en Marte. Ojalá que continúen investigando el planeta, pero dudo que encuentren vida allí.*

Se proponen nuevas técnicas para enfriar la Tierra: Por si no lo sabías ya, nuestro planeta se calienta, y a estas alturas poco importa la causa. Lo que sí interesa es que los científicos piensan desarrollar plantas que reflejen la luz solar hacia el espacio, ayudando así a que la Tierra absorba menos radiación. Otra posible solución para el calentamiento es rociar una capa de agua salada en el cielo para crear un gran espejo flotante.

Opinión:

¿Eres una farmacia humana?: En un reciente estudio se encontró ácido acetilsalicílico en pacientes que no tomaban aspirina. Como las dosis son iguales a las encontradas en los que la toman a diario, se piensa que el cuerpo sintetiza aspirina, pero no se sabe cómo. Los vegetarianos tenían niveles más altos, aunque posiblemente esto se deba a que las frutas y verduras contienen este ácido (razón por la que son un buen remedio para dolores ligeros).

Opinión:

El agua potable en Marte: Por fin se ha hecho público el descubrimiento inevitable: los polos de Marte contienen agua suficiente para una próxima colonización. La capa, de unos 3 millones de km³ y que contiene ambos hielo y agua líquida, se encuentra en la zona llamada *Planum Boreum*, y podría ser la futura fuente de vida de toda la humanidad--¡cuando se llenen los kioscos con botellitas de agua mineral marciana!

Opinión:

Próximamente una vacuna contra el resfriado: Si, como yo, pensaste alguna vez: "¿cómo puede ser que siendo la enfermedad más común aún no se haya inventado una cura para el resfrío?", tengo dos noticias, una mala y una buena: la mala es que el código genético del Rinovirus (virus del resfrío) es altamente complejo; la buena, que los importantes avances en su decodificación pronto podrían tener como resultado una vacuna definitiva.

Opinión:

Suecia al frente de los países sin petróleo: Se sabe que los suecos siempre van por delante; ahora se cree que para el 2030 será el primer país sin automóviles de combustión. Se espera que esta medida dé como resultado una reducción del 85% de CO_2 en el aire. En Oslo ya empiezan a circular autobuses que funcionan con materia fecal humana (aunque suena feo, realmente es maravilloso) y próximamente funcionarán con basura orgánica.

Opinión:

¿Se volvieron optimistas los científicos? De repente a los científicos se les abrió el cielo, pues creen que podría haber incluso cientos de miles de millones de planetas similares a la Tierra en esta galaxia. Su propuesta se basa en el acelerado ritmo de descubrimiento de exoplanetas. Según estos científicos, incluso podría haber microorganismos alienígenas en este mundo. Así que, mucho cuidado: puede haber un extraterrestre debajo de tu cama.

Opinión:

Se crea un robot viviente: Se ha creado el robot más avanzado hasta ahora, y no es porque dispare rayos láser, sino porque tiene una mente propia gracias a un circuito integrado de neuronas vivas. El robot percibe el mundo por medio de sensores infrarrojos y de ultrasonido, y está aprendiendo a moverse por el mundo al igual que un niño. Se espera que incluso llegue a entender el lenguaje humano. Sin embargo, como todo lo vivo, puede morir.

Opinión:

La clonación humana: Un científico ha publicado experimentos que involucraron la clonación de 14 embriones humanos provenientes de cadáveres humanos y óvulos vacunos. Según Panayiotis Zavos, ninguno de ellos llegó hasta las etapas avanzadas de gestación, pero aún así, tiene planes para clonar una niña de 10 años ya fallecida. Aunque no lo logre, tarde o temprano la clonación humana se hará realidad.

Opinión:

A punto de inaugurarse la planta solar más grande del mundo: Cerca de Sevilla, España, se realizaron las primeras pruebas exitosas en una planta de energía solar que abastecerá 10.000 hogares. La planta, que consta de 1.200 espejos que siguen el recorrido del sol y dirigen la luz hacia una torre de 160 metros de altura (la mitad de la Torre Eiffel), tiene en su cima un tanque de agua que, vaporizada, genera 20 megavatios.

Opinión:

Elaboran proteínas capaces de crear sangre artificial: La sangre, además de hacer desmayar a las personas sensibles al verla, transporta oxígeno y otras cosas por todo el cuerpo. Partiendo desde cero, recientemente unos científicos crearon una proteína artificial que realiza todo esto. Se piensa que en el futuro se usará para fabricar sangre y combatir la escasez de donantes que existe tanto en hospitales como en campos de batalla.

Opinión:

Actividad 2 Vuelve a los descubrimientos descritos en la "Actividad 1". Haz una lista de 10 palabras nuevas que aprendiste. ¡Elige palabras que piensas que serán útiles para hablar del futuro!

Palabra en español	Traducción al inglés
1.	
2.	
3.	
4.	
5.	
6.	
7.	
8.	
9.	
10.	

Actividad 3 Haz los siguientes ejercicios relacionados con un artículo que se trata de la nanotecnología.

Antes de leer Vas a leer una selección breve llamada "La nanotecnología: Medidas minúsculas con futuros ilimitados". Antes de empezar, lee en voz alta las palabras de la lista. Subraya las que te resultan familiares.

el concepto   el largo   la manipulación

la nanotecnología   la revolución industrial   el nivel

análogo/a   aplicado/a   inconcebible

inmenso/a   minúsculo/a   sorprendente

congregar   suponer   distancia

Ahora, piensa en esta lista de palabras. En tu opinión, ¿de qué se va a tratar el artículo?

Lectura Lee el artículo sobre la nanotecnología y subraya la oración que mejor expresa la idea principal del artículo.

La nanotecnología: Medidas minúsculas con futuros ilimitados

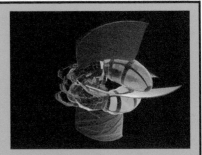

¿Te puedes imaginar una milmillonésima (10^{-9}) parte de un metro, o sea, el 0.000.000.001 métrico? A ver, supón que la distancia entre la Tierra y el Sol es análoga a un milímetro. Ahora, dentro de ese espacio tan minúsculo, imagina la distancia entre Nueva York y Boston. Esa sería, aproximadamente, el largo de un nanómetro. Inconcebible, ¿verdad? Pues igual de sorprendente es el mundo que ofrece la nanotecnología, una rama de las ciencias aplicadas, o prácticas, que estudia el control y la manipulación de la materia a nivel de átomos y moléculas, a escala nano. ¿Es nuevo este concepto de "nano"? No del todo. Ya en 1959 el Premio Nóbel Richard Feynman habló de las posibilidades de la nanotecnología pero nadie se podía imaginar las posibilidades tan inmensas que podría ofrecer esta tecnología. Hoy día las posibilidades son aún mayores ya que lo "nano" está congregando los campos de la ciencia: desde la informática, física, medicina, nutrición—la lista es inagotable. Ya sea ciencia o tecnología, según se le quiera considerar, una cosa queda clara: la nanotecnología apunta a una nueva revolución industrial para nuestro mundo y a un futuro extraordinario.

Después de leer Las expresiones siguientes vienen del artículo. Tradúcelas al inglés.

1. supón que la distancia entre la Tierra y el Sol es análoga a un milímetro

_____

2. Inconcebible, ¿verdad?

_____

3. igual de sorprendente

_____

4. ¿Es nuevo este concepto de "nano"?

_____

5. nadie se podía imaginar las posibilidades

_____

6. Hoy día las posibilidades son aún mayores

_____

Capítulo 3: Ni el cielo es el límite

Actividad 4 La búsqueda de nuevas fuentes de energía para automóviles nos importa a todos. Recientemente ha aparecido una nueva y sorprendente fuente. Haz los siguientes ejercicios sobre esta nueva fuente de energía.

Antes de leer Escribe un párrafo muy breve sobre las fuentes de energía. Menciona los problemas que tenemos y las soluciones posibles del futuro.

Lectura Lee el artículo y subraya 5 palabras nuevas que son cognados.

Es verano. Estamos comiendo una sabrosa sandía: dulce, fresca, jugosa. Lo que menos imaginamos es que quizás en un futuro no lejano el jugo de esta deliciosa fruta sea el combustible para nuestros coches. Recientemente un equipo de investigadores que se dedican a la exploración de alternativas al petróleo, descubrió que la sandía puede ser una nueva fuente de biocombustible porque su fermentación produce etanol. Cada año aproximadamente el 20 por ciento de las sandías que se cultivan se dejan en el campo porque no son aptas para la venta. Se ha comprobado que el azúcar del jugo de estas frutas se fermenta rápidamente, produciendo el valioso etanol. Hasta ahora el maíz ha sido la mayor fuente de etanol, pero como es un alimento necesario tanto para las personas como para el ganado, su uso para producir etanol se ha cuestionado. El Departamento de Agricultura, que no cree que usar el jugo de sandía sea una idea absurda, ya empieza a construir un centro dedicado a la producción de etanol de jugo de sandía en las vastas zonas templadas del país donde se puede cultivar esta fruta durante todo el año. Pero hay un dilema. Cuando llegue el verano, ¿tendremos que "pelear" con nuestro coche para ver quién "se come" la sandía? Ay, las cosas de la vida...

Después de leer Imagina que tienes que convencer a tu gobierno para que cultive sandías como fuente biocombustible. Basándote en la información presentada en el artículo, escríbele dos recomendaciones al gobierno.

1. Recomiendo que _____

 porque _____

2. Sugiero que _____

 porque _____

Actividad 5 Vas a escuchar unas noticias sobre cuatro nuevas fuentes de energía. Antes de escuchar, en parejas miren las fotos y debajo de cada una escriban por lo menos tres palabras que les pueden ayudar para identificar las 4 fuentes que se mencionarán en la selección. Mientras escuchas, pon una X junto a la fuente que se nombra.

Energía de mareas	Energía de hidrógeno	Energía geotérmica

 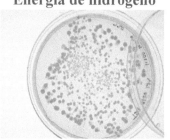 

_____   _____   _____

_____   _____   _____

_____   _____   _____

Energía eólica	Energía astral	Energía de aguas residuales

_____   _____   _____

_____   _____   _____

_____   _____   _____

Actividad 6 Vuelve a las fotos de arriba y piensa en las ventajas y desventajas de algunas fuentes de energía. Luego pónganse en grupos pequeños y decidan cuál es la más útil y cuál es la menos útil. Deben defender sus opiniones.

Energía	de mareas	eólica	astral
Ventaja			
Desventaja			

Ejemplo: Estudiante A: Yo creo que la energía eólica es mejor porque…
Estudiante B: No estoy de acuerdo. Creo que …
Estudiante A: Es posible, pero la energía eólica…

¡Gramaticando! El futuro

Paso 1: Descubriendo la gramática...

Actividad 1 Lee las siguientes opiniones y contesta las preguntas a continuación.

> ¡Creo que el año 2020 <u>va a ser</u> un año increíble para los seres humanos! Todos <u>tendremos</u> más oportunidades.

> Yo no estoy de acuerdo. Creo que la vida en el 2020 <u>será</u> terrible para todos, con pocos avances y mucha pobreza y enfermedad.

> ¡Yo soy muy optimista! Creo que muchos de nuestros problemas actuales <u>no existirán</u> en una década.

> ¡Seamos realistas! Nada <u>va a cambiar</u> muy pronto. Nuestra vida <u>no va a mejorar</u>.

¿A qué se refieren todos los verbos subrayados?

    a) al presente   b) al pasado   (c) al futuro

Busca en los comentarios de arriba los equivalentes en español.

1. *is going to change*   Va a cambiar
2. *will have*   tendremos
3. *will be*   será
4. *is not going to improve*   ho va a mejorar
5. *will not exist*   no existirán
6. *is going to be*   Va a ser

Como puedes ver, hay dos estructuras diferentes para expresar futuro. De las frases de arriba, ¿cuáles contienen una estructura que ya conoces (la aprendiste en tu clase de "Español I")?

    (1)   2   3   (4)   5   (6)

¿Cuáles contienen una estructura nueva para ti?

    1   (2)   (3)   4   (5)   6

Vas a leer un blog sobre los avances y descubrimientos tecnológicos. Identifica todos los ejemplos del futuro que veas y escribe el infinitivo correspondiente. Después, responde a uno de los blogueros.

La tecnología y el futuro... ¿Qué piensas tú?	Verbo en futuro (e infinitivo)
Me parece que la tecnología es algo muy positivo. La vida de mis hijos será mucho mejor que la mía debido a todos los avances tecnológicos del siglo XXI. -*Luis*	*será (ser)*
Mira, Luis, no estoy de acuerdo. La tecnología juega un papel demasiado grande en la vida moderna. Mi hermano se pasa horas navegando en Internet o chateando con sus amigos. La verdad, pienso que pierde el tiempo en tonterías. Pero soy optimista... Creo que en el futuro la gente aprenderá a vivir sin tecnología. -*María*	aprenderá
María, lo ves todo muy limitado. La tecnología no es solo teléfonos y laptops. El año pasado me operaron "a larga distancia", o sea, varios especialistas de otros lugares le daban consejos al equipo médico que me operó. Ahora estoy de maravilla y viviré muchos años gracias a la tecnología. -*Tomás*	operaro vivré
Estoy totalmente de acuerdo con Tomás. La tecnología nos permite solucionar problemas y mejorar la vida. Si continuamos explorando estas posibilidades, futuras generaciones viajarán a otros planetas, curarán muchas enfermedades, etc. -*Raúl*	viajarán curarán
¿En serio, Raúl? No puedo creer que estés a favor de estos "avances" tecnológicos. ¡Yo no quiero vivir en un mundo de computadoras y clones! Si los seres humanos seguimos poniendo toda nuestra energía en la tecnología, perderemos todo lo que es ser humano. ¿Realmente estarás contento con este nuevo mundo? -*Ana*	estarás perderemos
Yo solo quiero decir que la tecnología no es ni mala ni buena. Son los usuarios los que la vuelven así. La pregunta es...¿Cómo usaremos la tecnología en el futuro? ¿Mejoraremos la vida o seremos aún más perezosos? - *Verónica*	Usaremos mejoraremos
Mi respuesta: _____ _____	Seremos

Ahora, clasifica los verbos que identificaste en el blog según su sujeto. Sigue el ejemplo.

yo	vivire
tú	estarás
él / ella / usted	aprenderá, será
nosotros	*seremos* usaremos mejoraremos perderemos
ellos / ellas / ustedes	viajarán curarán

✎ MI REGLA ✎

El futuro en español es MUY fácil. ¿Cómo se conjuga?

¿Con qué forma del verbo tenemos que comenzar? _____ infinitive _____

¿Cuáles son las terminaciones?

yo	hablaré	nosotros	hablaremos
tú	hablarás	(vosotros)	hablareis
él / ella / usted	hablará	ellos / ellas / ustedes	hablarán

¿Hay una diferencia entre los verbos en "-ar", "-er" e "-ir"? _____ sí ✓ no

Actividad 3 Un grupo de científicos se ha reunido para discutir el papel de las ciencias en nuestro futuro. Lee sus predicciones e identifica y subraya todos los verbos en el futuro que son irregulares.

"Estoy convencida de que habrá mejores tratamientos para el cáncer. Menos gente morirá."

"Seguramente sabremos mucho más de nuestro Sistema Solar porque los telescopios serán mucho mejores."

"Pronto vendrá un día importante. Podremos usar las células madre para curar una gran variedad de enfermedades."

"No sé qué piensan ustedes, pero yo creo que muy pronto se harán viajes turísticos a la luna."

"¡Me pregunto qué dirá la gente si descubrimos que existen extraterrestres!"

"Si seguimos investigando las energías alternativas, no tendremos que consumir tanto petróleo."

"Una vez que dominemos la ingeniería genética, muchas personas querrán 'diseñar' sus propios bebés. Desafortunadamente, creo que pondrán demasiado énfasis en los rasgos físicos."

"Si mejoramos las técnicas quirúrgicas, los pacientes saldrán del hospital mucho más rápido."

Ahora, basándote en la conjugación de los verbos en las predicciones de los científicos, forma tus propias hipótesis sobre los verbos irregulares en el futuro.

❧ MI REGLA ❧

¿Cómo se conjugan los verbos irregulares en el futuro?

¿Podemos usar el infinitivo para conjugar los verbos irregulares en el futuro? ___✓___ sí _____ no

¿Cuáles son las raíces [stems] que se usan para conjugar los verbos irregulares en el futuro?

	INFINITIVO	RAIZ PARA EL FUTURO
1	saber	*sabr-*
2	poder	podr
3	haber	habr
4	tener	tendr
5	poner	pondr
6	venir	vendr
7	salir	saldr
8	querer	querr
9	decir	dir
10	hacer	har

¿Cuáles son las terminaciones?

yo	é	nosotros	emos
tú	as	(vosotros)	éis
él / ella / usted	á	ellos / ellas / ustedes	án

Paso 2: Practicando la gramática...

__Actividad 1__   Llena los espacios en blanco con la forma correcta del verbo indicado.

1. Los científicos _____ (descubrir) mucho sobre los planetas en la próxima década.

2. Yo _____ (viajar) a la luna si tengo la oportunidad.

3. ¿Qué tipo de coche _____ (conducir-[tú]) en el futuro?

4. Mi hijo _____ (tener) la oportunidad de diseñar su propio bebé.

5. Creo que mi familia y yo _____ (estar) muy contentos con nuestra vida en 20 años.

Actividad 2 ¡El optimista! Vuelve a escribir las siguientes oraciones usando el nuevo futuro.

1. En el año 2100 los astronautas van a regresar a la luna.

    _____*En el año 2100 los astronautas regresarán a la luna.*_____

2. En el año 2200 van a existir robots domésticos y van a venderlos en Walmart.

    _____

3. En el año 2300 va a haber una reducción enorme de enfermedades alrededor del mundo.

    _____

4. En el año 2400 los coches van a volar... ¡y no vamos a tener que comprar gasolina!

    _____

5. En el año 2500 el gobierno va a eliminar por completo la contaminación ambiental.

    _____

6. En el 2600 los científicos van a inventar un líquido nutritivo para reemplazar la comida.
La gente solo va a beberlo una vez a la semana.

    _____

7. En el 2700 los seres humanos van a poder vivir en otros planetas.

    _____

Actividad 3 ¡El pesimista! Completa las siguientes oraciones con una predicción pesimista sobre el futuro.

1. Si continuamos desperdiciando los recursos naturales, *acabaremos con todo y no*

   *dejaremos nada para las futuras generaciones*_____.

2. Si los científicos comienzan a clonar seres humanos, _____

   _____.

3. Si no desarrollamos energías alternativas, _____

   _____.

4. Si los extraterrestres vienen a la Tierra, _____

   _____.

5. Si pasamos más y más tiempo usando tecnología, _____

   _____.

Actividad 4 Basándote en las fotos, en un párrafo breve describe lo que harán estos jóvenes en el futuro. Escribe por lo menos <u>tres</u> oraciones para cada foto.

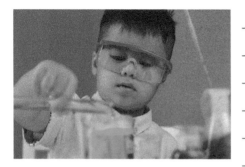

Miguel

_____
_____
_____
_____
_____
_____

Carmen

_____
_____
_____
_____
_____

Ernesto y Luis

_____
_____
_____
_____
_____

Gabriela

_____
_____
_____
_____
_____
_____

Actividad 5 **¿Qué crees tú?** Responde a cada pregunta sobre el futuro, indicando si crees que es verdad o no. ¡Presta atención al contraste entre futuro y subjuntivo!

1. ¿Crees que los seres humanos vivirán en la luna?

   Sí, creo que vivirán en la luna. **OR** _No, no creo que vivan en la luna._

2. ¿Crees que descubriremos una cura para el cáncer?

   _____

3. ¿Crees que nos comunicaremos por telepatía?

   _____

4. ¿Crees que tendremos chips implantados en el cerebro?

   _____

5. ¿Crees que todas las escuelas serán virtuales?

   _____

6. ¿Crees que te clonarás?

   _____

7. ¿Crees que harás un viaje a Marte?

   _____

8. ¿Crees que tus hijos vivirán más de 100 años?

   _____

Actividad 6 Ahora, haz tu propia lista de preguntas sobre el futuro. Luego, házselas a uno o dos compañeros.

Preguntas sobre el futuro:

Actividad 7   Estas personas tienen miedo del futuro. Están tan estresadas que no pueden dormir ni pensar claramente. Por eso, cometen errores cuando hablan. Ayúdales a corregir sus errores.

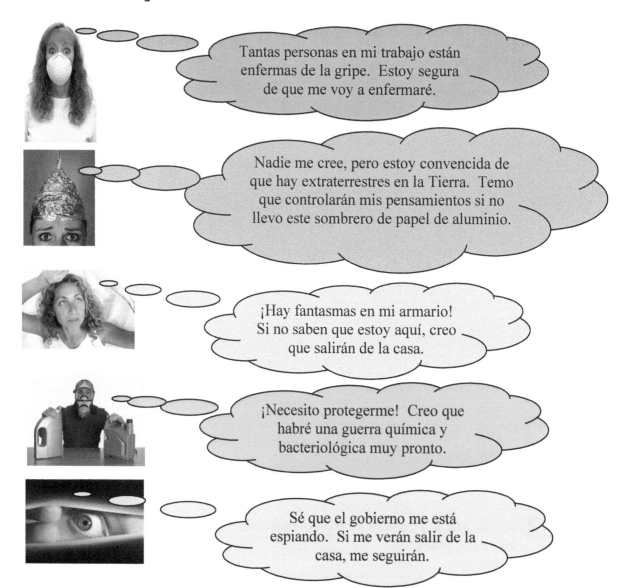

Tantas personas en mi trabajo están enfermas de la gripe. Estoy segura de que me voy a enfermaré.

Nadie me cree, pero estoy convencida de que hay extraterrestres en la Tierra. Temo que controlarán mis pensamientos si no llevo este sombrero de papel de aluminio.

¡Hay fantasmas en mi armario! Si no saben que estoy aquí, creo que salirán de la casa.

¡Necesito protegerme! Creo que habré una guerra química y bacteriológica muy pronto.

Sé que el gobierno me está espiando. Si me verán salir de la casa, me seguirán.

Actividad 8   Para repasar lo que has estudiado hasta ahora, vas a escuchar 10 oraciones sobre los avances y descubrimientos. Indica la función de cada una.

función	1	2	3	4	5	6	7	8	9	10
describir en el presente										
narrar en el pasado										
hablar del futuro										
hacer una pregunta										
expresar deseos										

Capítulo 3: Ni el cielo es el límite

Paso 3: Reflexionando sobre la gramática...

Actividad 1   Toma la siguiente mini-prueba para probar tus conocimientos del futuro.

1. To conjugate the future tense, I start with the "yo" form of the verb and add the appropriate future tense endings. _____ T _____ F

2. The verb endings for the future tense are: -é, -ás, -á, -émos, -án. _____ T _____ F

3. If I need to include a pronoun (direct object, indirect object or reflexive), I should place it after the future tense verb. _____ T _____ F

4. If I want to say "I hope that we will discover a cure" or "I doubt that we will have robots in our homes," I should use the subjunctive (not the future). _____ T _____ F

Actividad 2   Basándote en tu rendimiento en las actividades y la mini-prueba, completa la siguiente auto-evaluación.

	excellent	good	weak
My mastery of future tense conjugation for regular verbs is...			
My mastery of future tense conjugation for irregular verbs is...			
My understanding of when to use subjunctive instead of future tense to refer to future events is...			
My understanding of pronoun placement with future tense verbs is...			

Entrando en materia: Exploración

Actividad 1 ¿En qué piensas cuando lees o escuchas la palabra *exploración*? Mira las imágenes de abajo; luego escribe los nombres de unos exploradores en ese campo. Si no se te ocurre ningún nombre, busca en el Internet.

_____   _____   _____

_____   _____   _____

Actividad 2 Abajo tienes una lista de exploradores que viajaron a lugares desconocidos. Primero, conecta cada explorador/a con su profesión y contribución. Después, escribe una pregunta que te gustaría hacerle a uno de estos exploradores.

EXPLORADOR	PROFESIÓN	CONTRIBUCIÓN
Marco Polo (1254 - 1324)	explorador genovés	En 1492 "descubrió" el Nuevo Mundo.
Roald Amundsen (1872 - 1928)	médico escocés en Canadá	Descubrió el paso del Noroeste (*Northwest Passage*).
Leif Eriksson (c. 970 – c. 1020)	explorador vikingo	Se le considera uno de los primeros europeos en llegar a América del Norte.
Valentina Tereshkova (n. 1937)	mercader y explorador veneciano	Fue uno de los primeros occidentales en viajar por la ruta de la seda a China.
Cristóbal Colón (1451 - 1506)	explorador noruego	Encabezó la primera expedición exitosa a la Antártida.
John Rae (1813 - 1893)	cosmonauta rusa	Fue una de las primeras personas en viajar al espacio.

Pregunta: _____

_____

_____

Actividad 3 Haz los siguientes ejercicios relacionados con la exploración espacial.

Antes de leer Mira la siguiente tabla. Siguiendo el ejemplo, rellena los huecos con palabras de la misma familia lingüística. Luego, busca la palabra en el texto y subráyala para comprobar tu respuesta.

Sustantivo	Adjetivo	Verbo
movimiento	movido	*mover*
felicidad	feliz	felicitar
bautizo	bautizado	bautizar
consumo	consumido	consumir
reposo	reposado	reposar
nube	nublado	nublar

Lectura Lee el siguiente cuento sobre la exploración espacial y contesta las preguntas a continuación.

Por la ventanilla se asoma un cielo envuelto en el silencio de las estrellas. Nada se mueve, o así parece. Vuelvo a mirar; sigue igual. Busco algo, cualquier cosa que me diga que nos movemos. Pero nada. Por más que busco, nada se mueve. Todo está quieto, callado.

Mis compañeros duermen; prefieren eso a seguir mirando un cielo estático. Hace solo unos meses nos reíamos, felices por la aventura que nos esperaba. La prensa nos bautizó los nuevos "conquistadores", y mi esposa cariñosamente me llamaba Colón. Igual que él, salimos en busca de nuevas rutas, pero en vez de especias, buscamos fuentes de energía cósmica. Nuestro mundo se muere. No les prestamos atención a quienes nos advertían que acabábamos con la Tierra. Malgastamos el agua, cortamos los bosques, agotamos los recursos subterráneos. Vivíamos un frenesí de consumo que nos cegó. Y la Tierra se enfermó: su fiebre quemó los campos, su sed secó las aguas, su aliento se debilitó. Ahora, debe reposar. Por eso hemos salido, para llegar a una de esas nubes negras del Universo cargadas de energía. Llevamos un mapa cósmico, pero hace días que apenas lo estudio porque no se parece a lo que nos rodea. Estamos perdidos. Miro mi agenda. Leo "12 de octubre". ¡Qué ironía!

De pronto, del fondo de la nave se oye un grito: "¡Nube... nube!"

Después de leer   Ordena los eventos cronológicamente (¡Ojo! El orden cronológico no es necesariamente cómo aparecen en el cuento).

4-2 ~~1~~ 1 La gente malgastó los recursos naturales.

3-3 ~~3~~ 3 Salieron en busca de nuevas fuentes de energía.

2-4 ~~2~~ 2 Los astronautas estaban felices porque iban a emprender una nueva aventura.

___7___ Unas personas dormían.

4 ~~5~~ Se perdieron los navegantes.

6 ~~8~~ Alguien gritó.

5 ~~6~~ Nada se movía; todo estaba quieto.

Ahora, conecta las oraciones para formar un resumen del cuento. Añade palabras necesarias y conectores como *al principio, luego, de pronto, antes, después, entonces* y *por eso*.

Luego

> Al principio la gente malgastó los recursos
> naturales. Luego los astronautas salas porque
> iban a emprender una nueva aventura De pronto
> salieron en busca de nuevas fuentes de energía
> Antes se perdieron los navegantes. entonces nada
> se movía. todo estaba quieto. Luego. Alguien
> grito. De pronto unas personas dormían

Ahora, haz tres predicciones sobre lo que les pasará a estos cosmonautas en el futuro.

1. _____

2. _____

3. _____

Actividad 4 Con un compañero van a definir y adivinar palabras relacionadas con la exploración. El estudiante A dará una definición y el estudiante B adivinará la palabra correspondiente. Pueden consultar "Vocabulary at a Glance".

Ejemplo: *Estudiante A: Es un líquido o un gas que se usa para propulsar los vehículos.*
Estudiante B: Déjame pensar…Ya lo sé: ¡combustible!
Estudiante A: Sí, acertaste.

Actividad 5 Vas a ver un video sobre la exploración. Mientras lo ves, anota algunas ideas y alabras importantes. Después, escribe tres opiniones sobre lo que viste, usando frases como: Es increíble que, Me fascina que, No me interesa que, Ojalá que, Espero que, Dudo que, etc.

Apuntes:

1. _____

_____

2. _____

_____

3. _____

_____

¡Gramaticando! El subjuntivo después de conjunciones

Paso 1: Descubriendo la gramática...

Actividad 1 Las siguientes oraciones tienen que ver con exploraciones. Léelas y luego escribe al lado de cada una el tipo de exploración al que pertenece.

A) exploraciones espaciales   B) exploraciones geográficas   C) exploraciones científicas

C No haremos pruebas de laboratorio **sin que** el gobierno las autorice.

A **Sin que** los gobiernos trabajen juntos, no tendremos éxito con la Estación Espacial.

B Nos dará un compás y un mapa **para que** no nos perdamos.

A **Para que** el público esté enterado [*informed*], vamos a retransmitir en cada puerto [*port*].

C No tendremos nuevas células **a menos que** recibamos la beca.

C **A menos que** tengamos mejores aparatos médicos, no podremos continuar.

B Buscarán barcos hundidos [*sunken*] **con tal de que** les den parte del tesoro [*treasure*].

A **Con tal de que** la NASA tenga suficientes fondos, la nave saldrá en junio.

A Voy a preparar mi testamento **en caso de que** no regrese del viaje a la luna.

A **En caso de que** muera en el espacio, mi familia recibirá una buena cantidad de dinero.

Actividad 2 Vuelve a leer las oraciones de la Actividad 1. Usando el contexto, conecta cada conjunción con su traducción. Luego, en el hueco, di si se usan para indicar propósito (*purpose*) o contingencia (*contingency/dependence on another action*).

		contingencia
Sin que	in case	Contingan
Para que	without	proposito
A menos que	so that	Contigaoia
Con tal (de) que	unless	contigencia
En caso (de) que	as long as	

Actividad 3 Vuelve a las oraciones una vez más. Subraya los verbos en las cláusulas principales y haz un círculo alrededor de los verbos en las cláusulas subordinadas (los verbos que aparecen después de las conjunciones). Luego, contesta las preguntas a continuación.

1. ¿Dónde aparece la cláusula subordinada?
   a) antes de la cláusula principal
   b) después de la cláusula principal
   c) antes o después de la cláusula principal

2. ¿Qué modo se usa en las cláusulas principales?
   a) indicativo
   b) subjuntivo

3. ¿Qué modo se usa en las cláusulas subordinadas (después de las conjunciones)?
   a) indicativo
   b) subjuntivo

4. Basándote en lo que ya sabes del subjuntivo, ¿por qué crees que se usa este modo después de estas conjunciones?

   Porque el subjuntivo es por las emociones y reacciones. Sí usan para expresar proposito y contigencia

Actividad 4 Hay que aprender una cosita más sobre "para que" y "sin que". Compara las siguientes oraciones y contesta las preguntas a continuación.

a) Estudiaremos esas células <u>para</u> saber más de esa enfermedad.
b) Estudiaremos esas células <u>para que</u> el mundo sepa más de esa enfermedad.

¿Cuántos sujetos gramaticales hay en la oración (a)? _____1_____ ¿y en la (b)? _____2_____

¿Qué palabras están subrayadas en la oración (a)? ___Para que___ ¿y en la (b)? ___2___
Para que

a) No emprenderán nuevas expediciones <u>sin</u> conseguir los fondos necesarios.
b) No emprenderán nuevas expediciones <u>sin que</u> el gobierno les dé los fondos.

¿Cuántos sujetos gramaticales hay en la oración (a)? _____1_____ ¿y en la (b)? _____2_____

¿Qué palabras están subrayadas en la oración (a)? _____+_____ ¿y en la (b)? ___2___
Sin   sin que

✍ MI REGLA ✍

¿Cuándo se usa el subjuntivo?

En los capítulos 1 y 2 aprendí que se usa el subjuntivo para expresar _emociones, reacciones, voluntad, recomendaciones, dudas, negar, deseos, necesidades_.

En esta sección, vi que también se usa el subjuntivo después de _proposito y conjuncta, conjunciones_.

Un acrónimo para recordarlas es SPACE. Las conjunciones son:

S _sin que_

P _para que_

A _mas A menos que_

C _con tal de que_

E _en caso de que_

Subordinada

Hay dos estructuras posibles para estas oraciones:

clausula principal + conjuncion + clausula

conjuncion + clausula subordinada , + clausula principal

Ejemplo: _No podemos vivimos sin que no tengas agua_

Ejemplo: _A menos que el gobierno tegan las rasos hagamos nosotros no podemos vivir_

¡OJO! Si no hay un cambio de sujeto, no uso "para que" ni "sin que". Uso:

- para + _infinitive_

- sin + _infinitive_   _el restante_

Ejemplo: _nosotros podemos visita para trabajar en_

Ejemplo: _yo haré sin gatar la m_

pue pueda as notas

Paso 2: Practicando la gramática...

Actividad 1 Elige la frase correcta para completar la oración.

1. No habrá avances científicos a menos que _____.
   - a) gastamos dinero
   - (b) gastemos dinero
   - c) gastar dinero

2. Los astronautas quieren ir a la luna para que la NASA _____.
   - a) tiene más información
   - (b) tenga más información
   - c) tener más información

3. En caso de que _____ una tormenta, los exploradores van a posponer su viaje.
   - a) hay
   - (b) haya
   - c) haber

4. Habrá muchos nuevos descubrimientos con tal de que _____.
   - a) continuamos explorando
   - (b) continuemos explorando
   - c) continuar explorando

5. Los científicos esperan trabajar con células madre para _____.
   - a) curan enfermedades
   - b) curen enfermedades
   - (c) curar enfermedades

Actividad 2 Imagina que alguien te ofrece doce millones de dólares para que realices tres proyectos: un proyecto de exploración espacial, un proyecto de exploración geográfica y un proyecto de exploración científica. Siguiendo el ejemplo, completa el formulario que te piden.

Proyecto #1: Exploración espacial

Voy a usar el dinero para _buscar petróleo en Marte_.

Necesitamos este proyecto para que _la gente siga usando coches muy grandes_.

El proyecto será un éxito con tal de que _los extraterrestres no nos ataquen_.

Proyecto #2: Exploración geográfica

Voy a usar el dinero para _navegar la tierra y buscar recursos naturales_.

Necesitamos este proyecto para que _construir barcos la nave_.

Todo se realizará a menos que _Todos los recursos naturales no haya los suelos_.

la gente USE construir necesite sda deso para ser agotado

Proyecto #3: Exploración científica

Voy a usar el dinero para _hacer Jose experimentos_.

Necesitamos este proyecto para que _curan el cáncer_.

Todo se realizará sin que _R Necesitan investigar las_

Las ideas nuevos en nuestra sociedades.

Usando las fotos y tu imaginación escribe 2 oraciones sobre lo que harán estas personas en el futuro. Incluye al menos UNA conjunción de propósito o contingencia en cada descripción.

| S (sin que) | P (para que) | A (a menos que) | C (con tal de que) | E (en caso de que) |

Juan

El viajará al espacial
a menos que la Nasa no tenga los fondos.

Verónica

Ella

Mónica

José Luis

Enrique

El subirá las montañas
a menos él no tenga
el equipo correcto

Paso 1: Descubriendo la gramática...

Actividad 1 Ahora vamos a usar otro tipo de conjunciones (conjunciones de tiempo). Lee las siguientes oraciones e indica si estás de acuerdo o no.

			estoy de acuerdo	no estoy de acuerdo
El gobierno tendrá que invertir mucho dinero en el programa espacial <u>antes de que</u> los astronautas puedan regresar a la luna.			✓	
Habrá más interés por el espacio <u>tan pronto como</u> empiecen los viajes turísticos a la luna.			✓	
Muchas personas no harán turismo cósmico <u>hasta que</u> estén seguros de que no hay peligro.			✓	
<u>En cuanto</u> bajen los precios, más gente se apuntará a viajar al espacio.			✓	
Se reanudará el programa espacial <u>cuando</u> la NASA consiga los fondos.			✓	✓
<u>Después de que</u> encuentren algo de valor en la luna, el programa obtendrá el dinero necesario.			✓	

Actividad 2 Vuelve a leer las oraciones de la Actividad 1. Usando el contexto, conecta cada conjunción con su traducción.

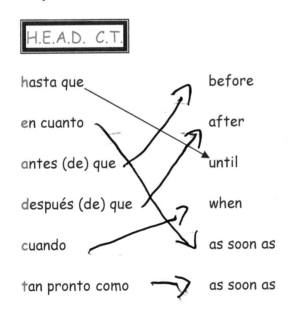

H.E.A.D. C.T.

hasta que   before

en cuanto   after

antes (de) que   until

después (de) que   when

cuando   as soon as

tan pronto como   as soon as

Vuelve a las oraciones una vez más. Subraya los verbos en las cláusulas principales y haz un círculo alrededor de los verbos en las cláusulas subordinadas (los verbos que aparecen después de las conjunciones). Luego, contesta las preguntas a continuación.

1. ¿Dónde aparece la cláusula subordinada?
   a) antes de la cláusula principal
   b) después de la cláusula principal
   c) antes o después de la cláusula principal

2. ¿Qué modo se usa en las cláusulas principales?
   a) indicativo
   b) subjuntivo

3. ¿Qué modo se usa en las cláusulas subordinadas (después de las conjunciones)?
   a) indicativo
   b) subjuntivo

4. Basándote en lo que ya sabes del subjuntivo, ¿por qué crees que se usa este modo después de estas conjunciones?

   Si usan para expresar el tiempo
   conjunciones de tiempo   el conjunciione
   pensientr, habitual, y en el pasado
   futuro   prese

Actividad 4 Hay que aprender una cosita más sobre "antes de que" y "después de que". Compara las siguientes oraciones y contesta las preguntas a continuación.

a) Los astronautas trabajarán mucho <u>antes de</u> ir a la luna.

b) La NASA tendrá que prepararse <u>antes de que</u> los astronautas vayan a la luna.

¿Cuántos sujetos gramaticales hay en la oración (a)? _____1_____ ¿y en la (b)? __2__

¿Qué palabras están subrayadas en la oración (a)? _antes de_ ¿y en la (b)? _antes de que_

a) Los astronautas serán famosos <u>después de</u> regresar de la luna.

b) Los periodistas querrán entrevistar a los astronautas <u>después de que</u> regresen.

¿Cuántos sujetos gramaticales hay en la oración (a)? _____1_____ ¿y en la (b)? __2__

¿Qué palabras están subrayadas en la oración (a)? _después de_ ¿y en la (b)? _despues de que_

Capítulo 3: Ni el cielo es el límite

Actividad 5 Has visto que las conjunciones de propósito / contingencia y las conjunciones temporales tienen mucho en común. Sin embargo, ¡hay una diferencia muy importante! Lee los siguientes textos y contesta las preguntas a continuación.

Texto #1

Cuando me gradúe de la universidad, seguiré preparándome para ser astronauta. Espero conseguir un trabajo en la NASA en cuanto tenga la experiencia necesaria. Ganaré un sueldo muy alto y, lo más importante... ¡Tendré la profesión más interesante del mundo! La verdad es que no estaré contenta hasta que me dejen formar parte de una expedición histórica.

El texto habla de...
   a) algo en el pasado   b) algo habitual en el presente   c) algo pendiente / en el futuro

Busca las conjunciones temporales en el texto. Después de las conjunciones temporales se usa...
   a) el indicativo   b) el subjuntivo

Texto #2

En los sesenta, cuando yo era joven, mi abuelo trabajaba para la NASA. Recuerdo el día que nos dio la noticia de que iba a trabajar allí. Inmediatamente después de que nos lo contó, tuvimos una fiesta enorme. Era un hombre muy ambicioso así que era el trabajo perfecto para él. Nunca pensó en otra cosa hasta que se jubiló.

El texto habla de...
   a) algo en el pasado   b) algo habitual en el presente   c) algo pendiente / en el futuro

Busca las conjunciones temporales en el texto. Después de las conjunciones temporales se usa...
   a) el indicativo   b) el subjuntivo

Texto #3

¡Ser astronauta no es nada fácil! Cuando están entrenándose, tienen que ponerse el traje espacial y practicar en el agua. Además, los hacen girar en una silla que simula las condiciones espaciales, hasta que se acostumbran a la sensación de flotar. Por eso, todos se sienten muy orgullosos cuando terminan su entrenamiento.

El texto habla de...
   a) algo en el pasado   b) algo habitual en el presente   c) algo pendiente / en el futuro

Busca las conjunciones temporales en el texto. Después de las conjunciones temporales se usa...
   a) el indicativo   b) el subjuntivo

✎ MI REGLA ✎

¿Cuándo se usa el subjuntivo?

Es este capítulo, aprendí que se usa el subjuntivo con conjunciones de propósito y contingencia.

En esta última sección, aprendí que también se usa con conjunciones _de tiempo_ .

****
SOLO USO EL SUBJUNTIVO CON ESTAS CONJUNCIONES SI LA ACCIÓN ES:

_____

****

Un acrónimo para recordar las nuevas conjunciones es HEAD CT. Las conjunciones son:

H _Hasta que_

E _en cuando_

A _antes de que_ (OJO: ¡Con esta conjunción *siempre* se usa el subjuntivo!)

D _después de que_

C _cuando_

T _tan pronto como_

Hay dos estructuras posibles para estas oraciones:

Conjunción + _Clausula subordinada_ + _Clausula principal_

Clausula principal + _Conjunción_ + _Clausula subordinada_

Ejemplo: _Cuando yo iré al mercado compraré manzanas_ .

Ejemplo: _Yo hice mi tarea hasta que yo la terminemos_ .
nosotros

¡OJO! Si no hay un cambio de sujeto, no uso "antes de que" ni "después de que". Uso:

• antes de + _infinitivo_

• después de + _infinitivo_

Ejemplo: _~~Yo~~ nosotros visitimos al museo_ .

Ejemplo: _antes de ~~antes~~_ .

K empzar nuestra clase

Actividad 1 Usando estas tres listas, combina dos cláusulas y una conjunción temporal para escribir 5 oraciones lógicas sobre el futuro. Sigue el ejemplo.

• descubrir nuevos planetas • haber más expediciones espaciales • invertir más dinero en las ciencias • aprender más sobre las junglas inexploradas de Sudamérica • saber más sobre el "Titanic" • descubrir nuevas especies de animales en las islas Galápagos • tener más éxito en la investigación del suelo oceánico • hacer experimentos de clonación	• hasta que • en cuanto • antes de (que) • después de (que) • cuando • tan pronto como	• (la economía) mejorar • haber cooperación internacional • tener mejor maquinaria • invertir más dinero en los programas • tener más fondos gubernamentales • pasar 50 años más investigando • (el gobierno) prohibirlo • construir mejores naves espaciales • sufrir una epidemia de enfermedades genéticas • haber gente interesada en trabajar en este campo

Ejemplo: *Descubriremos nuevos planetas tan pronto como la NASA construya mejores naves espaciales.*

1. _____

   _____

2. _____

   _____

3. _____

   _____

4. _____

   _____

5. _____

   _____

Actividad 2 Completa las siguientes oraciones de forma creativa. ¡OJO! Presta atención al orden de las cláusulas (algunas oraciones comienzan con la cláusula principal y otras comienzan con la cláusula subordinada).

1. Cuando exploremos otros sistemas solares, _____

_____.

2. En cuanto reduzcamos el calentamiento global, _____

_____.

3. La NASA tendrá muchísimo dinero _____

_____.

4. Después de que los seres humanos tengan más conocimiento de la genética, _____

_____.

5. Habrá muchos avances en exploración espacial _____

_____.

Actividad 3 Elige una de las personas de la lista y escribe un párrafo sobre su vida en el futuro. Incluye al menos 2 conjunciones temporales.

Stephen Hawking	físico y cosmólogo del Reino Unido, autor de <u>Historia del tiempo: Del big bang a los agujeros negros</u>
Walter Álvarez	profesor de geología en Berkeley, famoso por la teoría de que la extinción de los dinosaurios se debe a un asteroide
Ian Wilmut	científico británico, famoso por clonar por primera vez un mamífero de células adultas (la oveja "Dolly")
Bill Gates	empresario estadounidense, fundador de Microsoft

_____

_____

_____

_____

_____

Lee las oraciones en inglés y decide si la cláusula subrayada se refiere a una acción en el pasado, una acción habitual o una acción pendiente. Después, traduce el verbo en rojo al español.

	¿pasado, habitual o pendiente?	verbo en español
When Neil Armstrong traveled to the moon, he was 38 years old.		
We will know much more about the origin of Jupiter **when NASA's "Juno" mission ends in 2017**.		
When observers are in the right spot, they can see the International Space Station with the naked eye.		
Successful explorers don't give up **until they find what they're looking for**.		
The indigenous peoples of Central and South America were virtually free of illness **until Europeans arrived**.		
I hope researchers keep investigating **until they know more about our DNA**.		

Actividad 5 Vas a escuchar 10 oraciones sobre la exploración. Para cada una, escribe la conjunción, el verbo que la sigue, e indica si se refiere al pasado, a algo habitual o a algo pendiente.

	conjunción	verbo después de la conjunción	pasado	habitual	pendiente
1					
2					
3					
4					
5					
6					
7					
8					
9					
10					

Actividad 6 Traduce las siguientes oraciones. Ten cuidado con las conjunciones y los verbos.

1. Before the astronauts leave, the engineer has to inspect the space ship.

_____

2. I don't think they will find new types of life until they explore other solar systems.

_____

3. As soon as the navigators read their maps, they saw their mistake.

_____

4. The agency always publishes the results after the captain turns in his report.

_____

Actividad 7 Ahora vas a tener una conversación con dos o tres compañeros de clase. Haz una lista de tres preguntas, usando las palabras interrogativas "cuándo" y "para qué" (*for what purpose*). Anota la mejor respuesta de tu grupo.

Ejemplo: - *¿Cuándo vamos a regresar a la luna?*
              - *Vamos a regresar cuando la crisis económica termine.*

Ejemplo: - *¿Para qué necesitamos estudiar astronomía?*
              - *Necesitamos estudiarla para que el mundo conozca otras galaxias.*

Actividad 8 Ahora vas a pensar en todas las conjunciones que aprendiste y en los tiempos verbales que se usan. Para cada oración, dibuja su representación en la línea cronológica. Enfócate en las partes subrayadas y sigue el ejemplo.

Ejemplo: Los científicos regresarán a la luna después de que el gobierno les dé más fondos.

presente   el gobierno   los científicos
                les dé...   regresarán...

1. Quiero <u>entrenarme duro</u> para que <u>la NASA me permita formar parte de una expedición</u>.

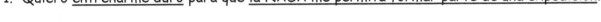

presente

2. En cuanto <u>el programa reciba más dinero</u>, <u>podrá continuar con el proyecto</u>.

presente

3. Después de <u>construir la Estación Espacial</u>, <u>pudimos hacer muchos experimentos nuevos</u>.

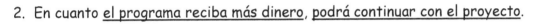

presente

4. Cuando <u>nos dan los datos</u> cada mes, <u>comenzamos a analizarlos</u> inmediatamente.

presente

5. Pensamos <u>explorar Marte</u> con tal de que <u>tengamos suficiente apoyo financiero</u>.

presente

6. Cuando <u>me dieron el premio por mis contribuciones</u>, <u>me puse a llorar</u>.

presente

7. <u>Esperamos</u> que <u>haya mucha cooperación</u> para que <u>el proyecto se pueda realizar</u>.

presente

¿Presente, pasado, futuro, infinitivo o subjuntivo? Ahora vas a practicar la gramática de este capítulo, usando varios tiempos verbales juntos. Lee el texto a continuación y completa los espacios con la forma apropiada del verbo entre paréntesis.

La cooperación internacional en el espacio

En una reciente conferencia de prensa, la administración Obama dijo que, de aquí en adelante [*from here on out*], su política espacial _____ (ser) caracterizada por un aumento en la cooperación internacional. Según la Casa Blanca, el espacio es un tema que le _____ (importar) a todo el mundo hoy en día, ya que los científicos pueden estudiar la atmósfera y el clima de la Tierra, _____ (mejorar) la agricultura, etc. Por consiguiente, la administración quiere promover la cooperación para _____ (ampliar) nuestro conocimiento del espacio.

Obama explicó que, durante la Guerra Fría, cuando los países se _____ (tener) miedo unos a otros, había mucha competencia en asuntos espaciales. Su meta principal, entonces, es cambiar esa tradición, reemplazándola con otra más positiva. Además, cuando la investigación espacial _____ (empezar) en los años cincuenta, solo participaron algunos países. Sin embargo, con el crecimiento de la economía mundial, no hay duda de que un mayor número de países _____ (hacer) investigaciones en el espacio en el futuro.

También se sabe que los seres humanos dependen cada vez más de los satélites y, como resultado, el gobierno reconoce que en los años venideros [*coming*] todos los países _____ (necesitar) ser mucho más responsables con los desechos [*waste*] orbitales para que no _____ (haber) accidentes en el espacio.

El presidente Obama insiste en que siempre promoverá con entusiasmo la investigación internacional en el espacio, con tal de que dicha investigación _____ (tener) propósitos pacíficos. Es decir, todos tenemos el derecho de participar en actividades espaciales sin que otro país _____ (producir) desechos peligrosos excesivos o _____ (destruir) nuestro equipo o satélites.

Actividad 1 Toma la siguiente mini-prueba para probar tus conocimientos del subjuntivo con conjunciones.

1. "Para que" is a conjunction of contingency. _____ T _____ F

2. The acronym for conjunctions of contingency / purpose is ___ ___ ___ ___ ___.

3. The acronym for conjunctions of time is ___ ___ ___ ___ ___ ___.

4. "En cuanto" and "tan pronto como" are synonyms. _____ T _____ F

5. The subjunctive is always used with conjunctions of contingency / purpose.

_____ T _____ F

6. The subjunctive is only used with conjunctions of time when the action is _____.

7. I should use "para," "sin," "antes de," and después de" when there is _____ subject. These forms are followed by an _____ instead of the subjunctive.

8. The subordinate clause beginning with a conjunction always appears after the main clause. _____ T _____ F

Actividad 2 Basándote en tu rendimiento en las actividades y la mini-prueba, completa la siguiente auto-evaluación.

	excellent	good	weak
My knowledge of the conjunctions (their forms and their meanings) is...			
My mastery of mood selection (subjunctive or indicative) with these conjunctions is...			
My knowledge of when to use an infinitive instead of a conjugated verb is...			

Actividad 1 Este anuncio ha aparecido en la prensa recientemente. Léelo y completa la tabla a continuación.

FERTIOPCIÓN
Clínica con 20 años de experiencia en reproducción asistida

"Bebés a la carta": Fiabilidad, responsabilidad, seriedad

- ¿Te gustan los ojos de tu abuelo?
- ¿Siempre has deseado el pelo de tu madre?
- ¿Quieres que tu futuro hijo/a sea más alto/a que tú?
- ¿Buscas que tu hijo/a tenga un alto cociente intelectual?

Nuestro programa de "Bebés a la carta" te puede proporcionar el bebé con el que siempre has soñado. Consulta nuestra página web www.fertiopcion.com. También puedes conseguir una cita en persona en el teléfono 914 55 37 54.

Imagínate que tienes que diseñar el bebé que se va a convertir en la persona ideal. Ya sabemos que todas las personas son maravillosas, pero con un poco de imaginación y, si pudiéramos elegir, ¿qué elegiríamos? Haz una lista de características.

Estatura ideal	Mi estatura ideal es 5 pie 6 pulsadas
Tipo de pelo ideal	Mi estar pelo ideal es negro
Cualidad intelectual ideal	Mi cualidad intelectual ideal es 140
Cualidad física ideal	Yo no tengo un cualidad física fuerte
Rasgos de carácter ideales	ser una persona simpática, amable, y alegre.

Actividad 2 Paco e Inma han leído el anuncio y han pedido una cita porque están decididos a diseñar un bebé. Lee la entrevista que tuvieron con la psicóloga del centro y completa la tabla con la información del diálogo.

Psicóloga:	Buenos días. Soy Eva, ¿Cómo están? ¿En qué podemos ayudarles?
Inma:	Pues, verá, hemos leído su anuncio en la prensa y queremos más información. Elegir alguna característica de nuestra futura hija nos parece una idea tentadora.
Psicóloga:	Bien. Veamos, ¿por qué les gustaría elegir ciertos rasgos? ¿Hay alguna enfermedad genética en su familia?
Paco:	Bueno, yo tengo el colesterol alto, aunque lo controlo bastante con dieta, ejercicio y medicación, pero nada más.
Inma:	Yo, desde hace un par de años, tengo alergias, sobre todo en primavera.
Psicóloga:	Bueno, verán, ni el colesterol ni las alergias están consideradas como enfermedades genéticas, ni se transmiten por herencia de padres a hijos; así que, respecto a las enfermedades genéticas, no hay problema.
Paco:	A nosotros nos gustaría tener una niña y queremos que sea alta y que tenga el pelo bonito. También queremos que tenga un gran talento musical.
Psicóloga:	¿Por qué desean esas características?
Inma:	Pensamos que algunas cualidades ayudan a triunfar en la vida y estas nos parecen importantes.
Psicóloga:	Claro, los entiendo. Pero el centro debe asegurarse de que los deseos de los padres son razonables y no intentan solucionar algunas de sus frustraciones personales. En cualquier caso, la ciencia puede lograr algunas cosas, pero no todas.
Paco:	¿Qué quiere decir? ¿No podemos elegir el tipo de talento que tendrá nuestra hija?
Psicóloga:	Me temo que no.
Inma:	Entonces, ¿para qué anuncian cosas imposibles?
Psicóloga:	En el anuncio no decimos que se pueda elegir el tipo de talento. Léanlo otra vez.
Paco:	Sí, es verdad. ¿Sabe qué? Vamos a pensarlo. Es una decisión muy importante.
Psicóloga:	Me parece muy bien. Si necesitan más información, pueden concertar otra cita.
Paco:	Muchas gracias, doctora.
Psicóloga:	De nada. Hasta pronto.

Función de la psicóloga: ¿Para qué entrevista a los padres?	Deseos de los padres: ¿Qué quieren?	Posibilidades de la genética: ¿Qué es / no es posible?	Conclusión: ¿Qué pasa?
Para ver si son buenos candidatos	quieren una niña alta con el pelo bonito y con un gran talento	manipular la herencia para evitar gastos	sus padres deben decidir personar
Para asegurarse que el de nosotros músico	enfermedades genéticas	más sobre la decisión	

Haz los siguientes ejercicios relacionados con la ingeniería genética.

Antes de leer Ve al Internet e investiga si es posible hoy en día diseñar "bebés a la carta". Completa la tabla añadiendo sí / no.

	Permitido elegir rasgos físicos	Permitido elegir sexo del bebé	Permitido elegir embriones por motivos de salud
EE UU	no	yes	yes
Europa (en general)	no	yes	yes
Asia	no	yes	yes

Lectura Lee esta noticia sobre los "bebés a la carta" y contesta las preguntas a continuación.

¿Ojos negros o verdes? ¿Pelo rubio o moreno? ¿Piel blanca o morena? Los padres podrán elegir los **rasgos** de sus hijos en una gran gama de posibilidades como si fuera una lista de la compra. Una clínica de California, que ya ofrece la posibilidad de elegir de antemano el sexo de los **embriones**, quiere crear la primera generación de bebés a la carta.

La propuesta que la clínica hizo en marzo de 2009 provocó una controversia mundial, con decenas de científicos y especialistas en bioética haciendo causa común contra la **eugenesia** y advirtiendo de la posibilidad de un futuro con clases sociales muy diferenciadas. La técnica convencional de **PGD** requiere varios embriones de tres días, a los que se les realiza varias pruebas para detectar si tienen algún **defecto genético**. Los embriones normales se implantan finalmente en el útero de la madre donante. La técnica, usada hasta ahora con fines exclusivamente médicos, ha servido para que cientos de padres no transmitan enfermedades hereditarias a sus hijos.

Ahora un equipo médico especializado en genética quiere aplicar el diagnóstico pre-implantacional de embriones con **fines cosméticos**. Aprovechando el **vacío legal** que existe en Estados Unidos (en la mayoría de los países europeos, está prohibido el uso de la técnica con fines no médicos), estos médicos desean "mejorar" la especie humana mediante la selección genética. Este procedimiento costaría aproximadamente $15.000.

El 13% de los pacientes de las clínicas de reproducción asistida estaría dispuesto a manipular los genes de sus hijos para lograr «una inteligencia superior», de acuerdo con un sondeo en una universidad prestigiosa. El 10% querría usar la técnica conocida como PGD para tener hijos «más altos» o con «condiciones atléticas». Pero este sondeo entre casi mil parejas, publicado en una revista de divulgación científica, concluyó que la mayoría deseaba aplicar la selección genética para prevenir riesgos de salud como casos de **retraso mental** (75%), **ceguera** (56%), **sordera** (54%), enfermedades del corazón (52%) y cáncer (51%).

Según tu investigación de "Antes de leer"...

¿Pudo seguir esta clínica con sus planes? __✓__ sí ____ no

¿Por qué? _____ a la mayoría de padres quieren _____
_____ aplicar la selección genética para temor de salud _____

Después de leer Fíjate en las palabras subrayadas del texto anterior. Escribe cada palabra al lado de su definición.

Definición	Palabra(s)
1. Un diagnóstico genético antes de la implantación de un embrión	fivs cosmntTo
2. Características físicas del rostro de una persona	rasgis
3. Aplicación de las leyes biológicas de la herencia al perfeccionamiento de la especie humana	eugh esia
4. Ausencia de leyes	Vacio legal
5. Problema que viene de la genética	defecto hhcihla
6. Intenciones de ser más atractivos, guapos, etc.	rtrasi rthfsi
7. Seres vivos al comienzo de su creación	embriones
8. La imposibilidad de oír	sordera
9. La imposibilidad de ver	cgovcea
10. Una discapacidad cerebral de muchos tipos	Pg D

¿Estás de acuerdo con la selección de embriones con fines cosméticos? ___sí ✓ no
Escribe dos razones para tu respuesta.

1. ___No porque es un poco caro y para escoger los otros cosmticos___

2. ___No porque es en fuvor de los rasgos buenos___

Actividad 4 Además de los polémicos "bebés a la carta", la ingeniería genética tiene otras utilidades. Conecta las fotos con la definición y su término correspondiente.

	creación de insulina o de vacunas artificiales	Crea frutas y verduras sin plagas, ni enfermedades. Son más grandes, más sanas y de mayor cantidad.
	clonación de animales / clonación de órganos humanos de trasplante	Crea embriones para ayudar en la reproducción humana.
	alimentos transgénicos	Crea animales idénticos. Puede crear órganos de animales como cerdos para trasplantes humanos.
	fertilización in vitro (FIV)	Crea anticuerpos para prevenir enfermedades. La medicina de los diabéticos se produce y se vende más barata.

Actividad 5 Escribe un párrafo sobre las ventajas y los inconvenientes de los avances de la ingeniería genética para la sociedad de hoy en día.

Actividad 6 Vas a ver un video relacionado con la genética. Mientras lo ves, apunta las ideas más importantes. Después, con un compañero, escribe un resumen breve (de 2 oraciones) y una reacción personal.

Resumen: _____

_____

_____

Reacción: _____

_____

Capítulo 3: Ni el cielo es el límite

Lee estas dos mini-noticias. En el espacio debajo escribe una opinión a favor o en contra de su contenido según el rol indicado. Argumenta sus opiniones.

1. Un grupo de científicos asegura haber clonado un ser vivo, a pesar de la prohibición explícita del gobierno para hacerlo. Copiaron el ADN de un famoso deportista.
   (Escribe según la opinión de uno de los científicos que participaron en el proyecto.)

_____

_____

_____

_____

2. Algunos médicos advierten del peligro de consumir alimentos modificados genéticamente por el riesgo de contraer cáncer.
   (Escribe según la opinión de uno de los médicos que afirman esto.)

_____

_____

_____

Actividad 8 Ahora vas a tener un mini-debate con tus compañeros de clase. Primero, haz una lista de palabras y expresiones útiles para abrir el discurso, expresar acuerdo y desacuerdo, interrumpir y ser cortés. Después, en grupos, discutan los temas controvertidos a continuación.

- la clonación de animales y seres humanos
- la fertilización in vitro
- los "bebés a la carta"
- los alimentos transgénicos

¡Gramaticando! El subjuntivo con antecedentes inexistentes e indefinidos

Paso 1: Descubriendo la gramática...

Actividad 1 Estamos en el año 2050 y la ingeniería genética ha avanzado muchísimo. Ahora hay algunas cosas que puedes elegir a tu gusto porque se combinan genes de todo tipo. Cuando las compras, puedes elegir las características. Hoy vas a comprar una mascota, tomates y una calabaza de Halloween. Marca las características que quieres.

Mascota	Tomates del día	Calabazas naturales para Halloween
□ *gato* □ *perro* □ *pájaro* □ *plumas* □ *pelo* □ *calvo* □ *ladra* □ *canta pop* □ *mudo* □ *pasa 2 días sin ir al baño* □ *pasa una semana sin ir al baño.* □ *vuela* □ *no vuela*	□ *color dorado* □ *color rojo normal* □ *cuadrados* □ *triangulares* □ *con aceite de oliva incorporado* □ *sin salsa incorporada* □ *sabor a Coca-Cola*	□ *color negro* □ *decoración de sangre* □ *en el interior crece una bruja* □ *en el interior crece un gato* □ *grita cuando llega alguien a la casa* □ *se come los mosquitos y luego los escupe en bolas a los visitantes que no le gustan*

Actividad 2 Cuando estás en la tienda, escuchas esta conversación entre el vendedor y una clienta que quiere comprar una mascota. Léela y responde las preguntas.

Vendedor:	¿En qué podemos ayudarle hoy señora?
Clienta:	Pues verá, mi mascota se murió hace un mes y he decidido tener una nueva.
Vendedor:	Lo siento. Me parece una buena idea que compre otra mascota. ¿Qué ha pensado?
Clienta:	Quiero un perro que tenga en la cabeza plumas azules y que esté calvo en la parte trasera.
Vendedor:	Perdone la sugerencia, pero calvos se ven bastante feos.
Clienta:	No me importa. Tuve uno que tenía plumas en la parte trasera y me ponía la alfombra muy sucia porque se le caían. También prefiero una mascota que sea muda porque la anterior cantaba y me daba dolor de cabeza porque solo sabía una canción y la repetía constantemente.

Vendedor:	¿Y qué cantaba?
Clienta:	"Me gustas mucho" de Manu Chao. Al principio me subía la autoestima escuchar "me gustas mucho", pero pronto me cansé.
Vendedor:	¿Desea una mascota que pase una semana sin ir al baño?
Clienta:	Oh, no, porque si no va todos los días se pone muy gordo y yo también porque no caminamos suficiente.
Vendedor:	¿Prefiere una mascota que vuele o que no vuele?
Clienta:	Prefiero un perro que vuele.
Vendedor:	¡Perfecto! Tenemos un perro en la tienda que tiene las características que quiere y creo que le va a encantar. Tiene plumas azul cobalto en la cabeza, tiene poco pelo en la parte trasera y ese pelo no se cae, vuela y canta, pero no canta a Manu Chao.
Clienta:	¿Y que canta?
Vendedor:	Una de Madonna: "Like a Virgin". Y también canta como Lady Gaga.
Clienta:	Bueno, así no me aburro. Tengo una pregunta.
Vendedor:	Sí, dígame.
Clienta:	Mi sobrina busca un gato que viva 50 años. ¿Ya han conseguido esto?
Vendedor:	Aquí hay gatos que viven 30 años pero desafortunadamente no hay ninguno que viva 50 años.
Clienta:	Ya se lo diré.

1. Busca en el texto y completa la información del perro y los gatos que están en la tienda.

- "Tenemos un perro en la tienda que _____

  _____."

- "Aquí hay gatos que _____."

    ¿En qué tiempo y modo están conjugados los verbos? _____

2. Busca en el texto las oraciones sobre el perro y el gato ideales de la señora y su sobrina.

- "Quiero un perro que _____."

- "Prefiero una mascota que _____ porque..."

- "¿Desea una mascota que _____?"

- "¿Prefiere una mascota que _____?"

- "Mi sobrina busca un gato que _____."

- "Desafortunadamente no hay ninguno que _____."

    ¿En qué tiempo y modo están conjugados los verbos? _____

** ¿Qué modo usamos cuando hablamos de objetos o personas que conocemos o existen?
     a) indicativo   b) subjuntivo

** ¿Qué modo usamos cuando hablamos de objetos o personas que NO conocemos, NO existen o NO son específicos?
     a) indicativo   b) subjuntivo

❧ MI REGLA ❧

¿Cuándo se usa el subjuntivo?

Si en una cláusula subordinada se refiere a un antecedente (persona u objeto) que existe y/o que se conoce, se usa el modo _____.

La estructura general de esta oración es:

_____ + **sustantivo** + _____ + _____
(algo o alguien
específico / que existe)

Ej: Tengo un bebé que _____.

Ej: El mercado en mi barrio vende frutas que _____.

PERO...Si en una cláusula subordinada se refiere a un antecedente (persona u objeto) que no es específico, que no se conoce o que no existe, se usa el modo _____.

La estructura general de esta oración es:

_____ + **sustantivo** + _____ + _____
(algo o alguien
no específico o
que no existe)

Ej: Queremos trabajar en un proyecto que _____.

Ej: No hay ninguna medicina que _____.

Paso 2: Practicando la gramática...

Actividad 1   Vuelve a la Actividad 1 de la sección "Descubriendo la gramática" y completa tus deseos para la mascota, los tomates y la calabaza. Usa varias características.

1. Mascota:

Quiero un _____ que _____

_____.

2. Tomates:

Quiero unos tomates que _____

_____.

3. Calabaza:

Quiero una calabaza que _____

_____.

Actividad 2 Conecta estos objetos con sus posibles características y a continuación haz oraciones con subjuntivo de antecedente indefinido.

1. un bebé	a. crecer el doble con leche
2. una vacuna	b. saber a coco y manzana
3. un clon	c. no llorar
4. una manzana	d. producir queso directamente
5. una oveja	e. ser igual a mi actor / actriz favorito/a
6. unos cereales	f. combatir el SIDA

Ejemplo: 1. Deseo un bebé que no llore. _____

2. _____

3. _____

4. _____

5. _____

6. _____

Actividad 3 Escribe oraciones para las siguientes situaciones que hablan de lo que se necesita, se busca o se quiere.

1. Los políticos están tratando de crear una ley sobre las células madre.

• permitir curar problemas genéticos • poder utilizarse para todos los enfermos • no ser muy costosa	Necesitan una ley que _____ _____ _____

2. Los científicos están tratando de mejorar la calidad de las verduras.

• durar un mes sin refrigerar • tener el doble de vitaminas • crecer en una semana	Buscan verduras que _____ _____ _____

3. Unos padres quieren "diseñar" el bebé perfecto.

• tener la piel oscura para evitar el cáncer • ser muy inteligente • no llevar ninguna enfermedad genética	Quieren un bebé que _____ _____ _____

4. Una asociación para ayudar a las personas con problemas económicos está buscando soluciones para los diabéticos.

• ser gratuita • poder beberla, en lugar de inyectarla • usarla solo una vez por semana	Quieren insulina que _____ _____ _____

Actividad 4 Escucha este audio en el que cuatro personas hablan de lo que quieren, buscan o necesitan. Completa la tabla con la información que escuches.

Objeto / Persona	Características

Actividad 5 Imagínate que con la ayuda de la ingeniería genética puedes mejorar el mundo. Escribe 3 oraciones con lo que quieres, buscas o necesitas. Después, comparte tus ideas con un/a compañero/a y anota lo que te dice.

Ejemplo: Quiero una vacuna que cure el SIDA y sea gratis para todas las personas en África.

Tú	Tu compañero

Actividad 6 Claudia, Celina y Pablo son muy optimistas y sueñan con un mundo ideal. Sin embargo, sus personalidades son bien diferentes, así que sus "sueños" no tienen mucho en común. Basándote en las imágenes, escribe una descripción (de al menos 3 oraciones) del mundo ideal de cada persona.

Ejemplos: *Sueña con un mundo donde la gente sea simpática.*
Quiere vivir en un mundo que tenga robots avanzados.
Le gusta la idea de un mundo con agua que no esté contaminada.

_____

_____

_____

_____

_____

_____

el mundo ideal de Claudia

_____

_____

_____

_____

_____

_____

_____

el mundo ideal de Celina

_____

_____

_____

_____

_____

el mundo ideal de Pablo

Actividad 1 Toma la siguiente mini-prueba para probar tus conocimientos del subjuntivo con antecedentes inexistentes e indefinidos.

1. I use the _____ mood in subordinate clauses describing specific antecedents that exist.

2. I use the _____ mood in subordinate clauses describing non-specific or non-existent antecedents.

3. The structure of these sentences must contain both an independent and a subordinate clause. _____ T _____ F

4. The sentence "Purple cows eat lime green water" requires the subjunctive mood.

_____ T _____ F

5. In these sentences, the subordinate clause must always be introduced by "que".

_____ T _____ F

Actividad 2 Basándote en tu rendimiento en las actividades y la mini-prueba, completa la siguiente auto-evaluación.

	excellent	good	weak
My ability to recognize non-existent and indefinite antecedents is...			
My mastery of mood selection (indicative or subjunctive) in these sentences is...			
My understanding of the syntactic structure of these sentences is...			

Auto-prueba

Actividad 1 Llena los espacios con la mejor opción del banco de palabras. ¡Cuidado con la concordancia de los verbos, sustantivos y adjetivos!

actual	advertir	navegar	aterrizar
antiguo	células madre	hacer falta	lejano
vacuna	explorar	transgénico	expedición
extraterrestre	alimento	costoso	ADN

1. Durante la _____ los exploradores no pudieron ver las estrellas porque el cielo estaba nublado.

2. ¿Por qué nadie ha descubierto aún una _____ efectiva contra el SIDA?

3. Cuando el petróleo se acabe, se darán cuenta de que _____ tener otro tipo de combustible.

4. Han descubierto que los tratamientos con _____ son efectivos en enfermedades como la leucemia.

5. Los servicios que ofrecen las clínicas que prometen bebés a la carta son muy _____. No todo el mundo puede pagarlos.

6. Gracias a la ingeniería genética se puede producir mayor cantidad de _____ para evitar el hambre en el mundo.

7. La tecnología más _____ trata con todo lo "nano".

8. Algún día viajaremos a mundos _____.

Actividad 2 Indica si las siguientes oraciones son ciertas [C] o falsas [F].

____ C ____ F　　　1. La nanotecnología se aplica a diferentes campos, entre ellos la medicina.

____ C ____ F　　　2. En EE.UU. es muy común usar la ingeniería genética con fines cosméticos.

____ C ____ F　　　3. El maíz, la sandía y las aguas residuales sirven para producir etanol.

____ C ____ F　　　4. La NASA es la única agencia que tiene un programa espacial.

____ C ____ F　　　5. La ingeniería genética permite cultivar vegetales sin enfermedades.

Actividad 3 Elige la mejor respuesta para completar cada una de las siguientes oraciones.

1. No viajaremos al espacio _____ nos prometan que la expedición servirá para buscar nuevas energías.

     a. en caso de que   b. a menos que   c. para que   d. para

2. No hay ninguna vacuna que _____ la gripe de una manera eficaz. La de ahora no es tan efectiva.

     a. previene   b. prevendrá   c. prevenga   d. prevenir

3. Vendieron una medicina _____ comprobar si tiene efectos secundarios.

     a. sin que   b. sin   c. hasta   d. hasta que

4. Cuando el agujero de la capa de ozono se _____ más grande, tendremos más casos de cáncer de piel.

     a. haga   b. hará   c. hace   d. hagamos

5. Busco el programa tecnológico que _____ medir distancias espaciales. Sé que lo venden en una tienda del centro. ¿También lo venden Uds.?

     a. permitan   b. permiten   c. permita   d. permite

Actividad 4 Hay un error en cada uno de los párrafos. De las tres opciones, selecciona la palabra que contiene un error y escribe la forma correcta en el espacio indicado.

1. Las nuevas tecnologías **hacen** avanzar a la humanidad pero, a menos que los gobiernos **toman** medidas muy estrictas, se **pueden** convertir en un arma contra la humanidad.

     palabra incorrecta: _____   palabra corregida: _____

2. Las futuras generaciones no **tendrán** que luchar contra el hambre en el mundo, no **sufrirán** enfermedades contagiosas y no **habrán** guerras que los exterminen. Será un mundo ideal.

     palabra incorrecta: _____   palabra corregida: _____

3. Mi amigo está buscando un auto que **funcione** con azúcar de caña y que no **contamine** la la ciudad para que sus hijos **viven** en un mundo más limpio. Leyó que esta energía ya se usa en algunos países.

     palabra incorrecta: _____   palabra corregida: _____

4. El programa espacial de EEUU tiene mucha fama y los noticieros siempre hablan de la NASA cuando **haya** una nueva misión. Recientemente no ha habido muchas noticias porque el programa no **puede** avanzar a menos que **reciba** más apoyo financiero.

     palabra incorrecta: _____   palabra corregida: _____

Noticias y sociedad

Actividad 1 Haz las siguientes actividades relacionadas con un artículo periodístico sobre nuestro mundo en el futuro.

Pre-lectura Contesta las siguientes preguntas antes de leer el artículo.

Escribe una lista de 4 problemas a los que se enfrenta nuestro planeta hoy en día.

1. _____

2. _____

3. _____

4. _____

Escribe 2 o 3 oraciones describiendo aspectos que mejorarán en el **futuro** (en tu opinión).

Escribe 2 o 3 oraciones describiendo aspectos que empeorarán en el **futuro** (en tu opinión).

Vas a leer un artículo titulado "El futuro de la Tierra". ¿Qué palabras se podría encontrar en un artículo con este título? Haz una lista.

El futuro de la Tierra

En comparación a los antiguos mamíferos y los primeros animales, el ser humano es un recién llegado a este planeta. Desafortunadamente, nuestro ingreso a la Tierra no ha sido favorable: hemos sido la causa de la extinción de muchas especies y **es probable que sigamos siendo la causa directa de la desaparición de más seres vivos en el futuro**.

---

1. Basándote en este primer párrafo, ¿cuál es el tono del artículo? _____

2. Traduce al inglés la última oración, comenzando con "es probable que..."

   _____

   _____

¿Cómo será ese mundo? ¿Cómo serán los continentes? Aunque hablamos de millones de años en el futuro, usando tendencias pasadas podemos hacer predicciones sobre nuestro planeta. Por ejemplo, dentro de 50 millones de años, tanto el Atlántico como el Índico seguirán ampliándose, Australia flotará hacia el norte, y la parte oriental de África se separará creando deformaciones en el Mediterráneo. A los 150 millones de años el Atlántico norte se irá cerrando **mientras que** la parte sur seguirá ensanchándose, lo cual dará como resultado la separación de las Américas. Australia continuará su viaje al norte donde chocará con Asia. **Mientras tanto** África seguirá empujando contra la zona eurasiática causando la posible desaparición del Mediterráneo. Si saltamos 2.000 millones de años, es posible que encontremos una Tierra estática, con una naturaleza que no evoluciona y unos continentes que **acabarán siendo** enormes llanuras.

---

3. Según el contexto, ¿qué significa "mientras que"?

   a) in the meantime   b) as a result of   c) since   d) while

4. Según el contexto, ¿qué significa "mientras tanto"?

   a) in the meantime   b) as a result of   c) since   d) while

5. Según el contexto, ¿cuál es el equivalente de "acabarán siendo" en inglés?

   a) will finish   b) will stop being   c) will end up being   d) will run out

6. En el futuro, habrá más espacio entre América del Norte y América del Sur. _____ C _____ F

7. Haz una lista de todos los verbos en este párrafo conjugados en el futuro:

   _____

¿Y el clima del futuro, frío o caliente?

No es fácil pronosticar el clima del futuro. <u>Por un lado</u> hay que considerar los cambios climáticos naturales y por otro, nuestro impacto en ellos. <u>A largo plazo</u>, sabemos que el período interglaciar que vivimos ahora se acaba: posiblemente en unos 4 mil años la Tierra entrará en una época glaciar de unos 100 mil años. <u>A corto plazo</u>, tenemos los gases de efecto invernadero. De no controlarse, se estima que en 100 años la temperatura media aumentará entre 2 y 5 grados, trayendo consigo aridez y una elevación del nivel del mar, entre otros. Algunos científicos consideran que el problema no es <u>tan</u> alarmante, particularmente porque el petróleo se habrá agotado antes del 2100 y, como consecuencia, los gases de invernadero se reducirán. <u>No obstante</u>, no debemos dejar de buscar otros tipos de energía no contaminante como la energía de las estrellas.

8. Según el contexto, ¿qué significa "por un lado" en inglés? _____

9. ¿Qué significan los términos "a largo plazo" y "a corto plazo"?

   - a largo plazo = _____

   - a corto plazo = _____

10. Basándote en el contenido del artículo, haz una comparación entre la Tierra hoy en día y la Tierra en 100 años. ¡Usa una estructura comparativa!

   _____

11. En tus propias palabras, resume el contenido de la penúltima (second-to-last) oración.

   _____

   _____

   _____

12. Según el contexto, ¿qué significa "no obstante"?

   a) although   b) since   c) nevertheless   d) therefore

13. Al final del párrafo, el autor de este artículo recomienda que _____

   _____

¿Chocará la Tierra?

Como es sabido, la Luna se formó <u>como consecuencia del</u> choque de un planeta del tamaño de Marte con la Tierra <u>hace unos 4 mil millones de años</u>. Este tipo de agresiones por asteroides de diversos tamaños ha continuado, provocando diversas extinciones biológicas incluyendo la que se cree acabó con los dinosaurios hace aproximadamente 65 millones de años. A diario la atmósfera terrestre frena multitud de pequeños meteoritos, pero no lo podrá hacer con objetos más grandes, lo cual puede ser desastroso. Por ejemplo un objeto de 35 metros de diámetro libera una energía equivalente a <u>la</u> de varios megatones (un megatón equivale a 65 bombas como la de Hiroshima). Aunque se puede calcular cuándo ocurren los impactos en la Tierra, <u>lo difícil es saber cómo evitar</u> los objetos de gran magnitud que podrían acabar con nuestro planeta.

14. Según el contexto, ¿qué significa "como consecuencia de"?

    a) in the meantime   b) as a result of   c) since   d) while

15. Traduce al inglés la frase "hace unos 4 mil millones de años".

_____

16. ¿A qué sustantivo se refiere "la" en "la de varios megatones"? _____

17. Traduce al inglés la frase "lo difícil es saber cómo evitar".

_____

18. ¿Qué podemos hacer y qué no podemos hacer con respecto a los asteroides?

- Tenemos tecnología que _____
- No tenemos tecnología que _____

La biosfera, ¿en peligro a corto o largo plazo?

Los impactos de asteroides son peligros, pero hay otro tipo que no podemos olvidar: el daño a la biosfera. <u>Dentro de</u> las amenazas del hombre a su entorno, una de las más significativas es la superpoblación. Cuando el aumento de otras poblaciones de seres vivos <u>es</u> excesiva, hay una autorregulación natural: aparece escasez de recursos, <u>tales como</u> alimento, espacio, luz; surgen enfermedades y otras medidas naturales que disminuyen los números. Pero con el ser humano la situación es diferente: los adelantos médicos impiden que <u>haya</u> una mortandad extrema; cuando aparece escasez de recursos, se busca una alternativa. Y la población sigue aumentando <u>de forma alarmante</u>: 10 mil personas cada hora, 85 millones por año. Si traducimos esa cifra a un aumento de consumo de energía, nos damos cuenta por qué es importante que en un futuro se <u>utilicen</u> energías más limpias, como la solar, la eólica y , sobre todo, la de fusión, o sea, la energía de las estrellas. Al buscar otras alternativas energéticas, se espera que el probable deterioro ambiental en un futuro próximo no <u>sea</u> irreversible. Claro está, quizá <u>sean</u> necesarias algunas explotaciones de recursos naturales, pero estas se llevarían a cabo de manera sensata. Con ello se lograría frenar la disminución de la biodiversidad: <u>se</u> estima que cada día desaparecen 100 especies de plantas y animales. Esto supone que <u>se</u> pierde un poco más de nuestro planeta, no sólo por su pérdida biológica en sí, sino porque se desequilibran los ecosistemas.

19. Según el contexto, ¿qué significa "dentro de"?

    a) inside   b) within   c) among   d) soon

20. Se usa el indicativo ("es") después de "cuando". ¿Por qué?

_____

21. ¿Qué significa la expresión "tales como" en inglés?

_____

22. Basándote en el artículo, haz una comparación entre los animales y los seres humanos.

_____

23. Traduce la frase "de forma alarmante" al inglés. _____

24. Hay varios verbos en subjuntivo en este párrafo. ¿Por qué se usa el subjuntivo en cada caso?

- haya: _____

- utilicen: _____

- sea: _____

- sean: _____

25. ¿Qué tipo de "se" se usa en "se estima" y "se pierde"?
    a) un pronombre de complemento indirecto
    b) un "se" reflexivo
    c) un "se" recíproco
    d) un "se" pasivo / impersonal

26. En tus propias palabras, resume las ideas centrales de este párrafo.

_____

_____

_____

_____

¿Qué hacer? Desde luego las soluciones no siempre serán fáciles. Tomemos como ejemplo un recurso principal: el agua. Es posible que se pueda obtener agua dulce a partir de agua salada, pero el gran obstáculo es el costo. Pero **a pesar de** las dificultades, se puede buscar un "desarrollo sostenible" que no **sea** tan agresivo con el medio ambiente y que permita su saludable existencia. Con este tipo de desarrollo, además de agua dulce, se procurarían alimentos transgénicos, repoblación forestal, nuevos sistemas agrícolas, energías limpias, control de lluvias, reciclaje de basuras y bacterias que degradan residuos, entre otros. Aun así, sin un cambio de mentalidad, sin aceptar que el futuro de nuestro planeta no es tan solo un problema científico y tecnológico sino también, ético, social y político, no se lograrán cambios sustanciales y permanentes. El peligro es que si no cambiamos, la humanidad puede desaparecer igual que los dinosaurios. Esperemos que esto no suceda y seamos lo suficientemente inteligentes para efectuar las medidas necesarias.

27. ¿Qué significa "a pesar de"? _____

28. ¿Por qué se usa el subjuntivo "sea"? _____

29. Según este párrafo, los seres humanos van a desaparecer a menos que _____

_____

_____

¿Morirá nuestra Tierra?

A pesar de todas las medidas que tomemos, eventualmente la Tierra acabará siendo destruida por el Sol, la misma estrella que le dio vida. Cada 100 millones de años, el Sol aumenta su luminosidad un 1%. <u>**Dentro de mil millones de años, quizá la temperatura de la Tierra se eleve tanto que los océanos comenzarán a evaporarse**</u>. Al cabo de aproximadamente 2 mil millones de años, la vida terrestre se acabaría. Pero no hay que alarmarse pues se calcula que para esas fechas, la Tierra habrá perdido casi toda su energía interna por enfriamiento y será un planeta geológicamente muerto.

Entonces...

Aunque ahora sabemos que con toda seguridad nuestro planeta está destinado a morir, será por razones naturales, no por negligencia humana. Y es así como debería ser— siguiendo la ley de la naturaleza, lo que nace eventualmente debe morir. Pero mientras tanto, como habitantes que comparten la Tierra con millones de seres vivientes, como los seres inteligentes que nos consideramos, es nuestra responsabilidad poner alto a cualquier acción agresiva que puede destruir la biosfera terrestre. <u>De no hacerlo</u>, el futuro de todos los seres vivos terrestres, ya sea flora o fauna, será muy negro.

---

30. En tus propias palabras, reescribe la oración comenzando con "Dentro de mil..."

_____

_____

31. ¿Cuál es un sinónimo de "De no hacerlo"?
    a) No debemos hacerlo
    b) No lo hacemos
    c) Ya que no lo hacemos
    d) Si no lo hacemos

Después de leer   Contesta las siguientes preguntas basándote en lo que leíste.

1. ¿Qué datos (*facts*) del artículo te interesan, sorprenden o molestan?

_____

2. ¿Qué esperas para el futuro de la Tierra?

_____

3. De las predicciones del artículo, menciona una cosa que crees y una cosa que no crees.

    • Creo que _____

    • No creo que _____

4. Completa la siguiente oración basándote en el contenido del artículo:

    Los seres humanos necesitan _____

    para que _____

Actividad 2 Lee los siguientes textos y contesta las preguntas correspondientes.

El próximo miércoles, el Senado <u>discutirá</u> las medidas destinadas a controlar la emisión de gases.

¿Qué tiempo verbal / estructura gramatical se ve en este discurso?

_____

¿Se refiere al futuro? _____ sí _____ no

Describe el contexto, registro, tipo de discurso, etc: _____

_____

_____

He oído que este fin de semana <u>va a haber</u> una protesta contra las multinacionales que destrozan los bosques de lluvia. ¿Vamos?

¿Qué tiempo verbal / estructura gramatical se ve en este discurso?

_____

¿Se refiere al futuro? _____ sí _____ no

Describe el contexto, registro, tipo de discurso, etc: _____

_____

_____

Si es antes de las cinco, <u>vamos</u> después del partido de fútbol.

¿Qué tiempo verbal / estructura gramatical se ve en este discurso?

_____

¿Se refiere al futuro? _____ sí _____ no

Describe el contexto, registro, tipo de discurso, etc: _____

_____

_____

¿Miguel sabe que hay una protesta? ¡Qué bueno! <u>Estará</u> muy entusiasmado.

¿Qué tiempo verbal / estructura gramatical se ve en este discurso?

_____

¿Se refiere al futuro? _____ sí _____ no

¿Por qué se usa este tiempo verbal? ¿Qué expresa? _____

_____

_____

Ahora, escribe 2 o 3 oraciones resumiendo tus conclusiones sobre los usos del futuro que aparecen en estos ejemplos.

_____

_____

_____

El lenguaje vivo: Neologismos

¿Qué es un **neologismo**?

Primero, vamos a ver si lo adivinas. Subraya la opción que crees es la correcta:

neo = **new / other**   logo = **word / idea**

Si dijiste "new word", ¡bien! ¡Acertaste! Un neologismo es una **palabra nueva** que aparece en una lengua **y** que...

a) **viene de otra lengua** (por ejemplo "jit" en el béisbol),

b) **es una nueva creación** de palabras existentes (por ejemplo "intergeneracional" o "bioetanol") o

c) **da un nuevo significado** a una palabra (por ejemplo "tío" para designar a un hombre, no un pariente).

Cada día hay más y más neologismos. ¿Por qué crees que se forman? Si contestaste "por la globalización", "por los medios de comunicación (periódicos, televisión, cine, Internet)", "por los descubrimientos y avances científicos", seguramente acertaste. Hay otros motivos, pero estas razones parecen estar entre las más frecuentes.

Actividad 1   Sin duda el cine y la televisión han creado muchas palabras nuevas que han pasado a nuestra lengua. ¿Con qué película o serie asocias las siguientes palabras? Lee las palabras en voz alta y luego escribe su forma en inglés en el hueco.

tricórder _____   cristal de dilitio _____

fáser _____   holosección _____

teleportación _____   taquiones _____

torpedo de fotón _____   flota estelar _____

vulcanos _____   velocidad superlumínica _____

¿Sabes algunas más? Escríbelas. _____

_____

_____

Actividad 2 Es muy común que los neologismos se formen usando prefijos y sufijos que ya existen en el idioma. Completa las siguientes analogías para adivinar unas palabras recientes.

Tierra : aterrizar :: luna : _____

espacio : ciberespacio :: café : _____

CIENCIA : NEUROCIENCIA :: ÉTICA : _____

DIVERSIDAD : BIODIVERSIDAD :: JURÍDICO : _____

ordinario : extraordinario :: terrestre : _____

biólogo : exobiólogo :: ciencia : _____

estrella : astronauta :: Internet : _____

calcular : calculadora :: computar : _____

¿UFO o IGO? ¿Por cuánto tiempo es una palabra un neologismo? Elige una de las 3 opciones:

"That? No, that isn't a U.F.O. It's on the ground now, and you've identified it. That makes it an I.G.O."

© www.CartoonStock.com

☐ Cien años
☐ Hasta que se sustituye como en la caricatura
☐ Hasta que aparece en un diccionario

La respuesta es la última: El neologismo deja de serlo cuando se incluye en un diccionario, como el *Diccionario de la Lengua Española* de la Real Academia Española. A veces es cuestión de muchos años, pero a veces es muy pronto. Por ejemplo, en la 23ª edición del diccionario se incluyen "esmog", "baipás" y "referí", así que estas palabras pasan a formar parte del español estándar. A todo esto, ¿*estándar* será un neologismo?

Actividad 3 Conecta las siguientes palabras con su significado. Como los neologismos pronto se vuelven palabras estándar, comprueba si todavía son neologismos o si ya aparecen en el *Diccionario de la Lengua Española* www.rae.es. Después de comprobar, indica la respuesta con *sí* o *no*.

¿Neologismo?

Sí / No	blog	Color que indica el nivel de peligro de terrorismo
Sí / No	código color	Un intervalo publicitario
Sí / No	cableoperador	Grupo que ofrece servicios de cable
Sí / No	cazavampiros	Persona que busca vampiros
Sí / No	espot	Clasificación de películas o programas televisivos
Sí / No	rating	Mensaje en Internet
Sí / No	nanorobot	Lugar para comprar medicinas en Internet
Sí / No	ciberfarmacia	Un autómata de tamaño muy pequeño

Conferencia

Imagínate que estás en una mesa redonda (round table discussion) donde se reúnen varios políticos para discutir el papel de las ciencias en el siglo XXI. Mientras escuchas, escribe los argumentos principales que se mencionan en la discusión. Después, con un compañero, escribe un artículo para un periódico, resumiendo lo que se discutió en esta reunión importante.

apuntes:

¡No se olviden de ponerle un título apropiado y creativo a su artículo!

Capítulo 3: Ni el cielo es el límite

Mejorando el discurso: Conectar la escritura

Si puedes conectar tus ideas, puedes expresar lo que quieres decir de una forma más clara. Así tus lectores pueden comprender mejor lo que escribes.

Actividad 1 Vas a aprender a usar varios conectores para expresar mejor tus ideas. Lee las siguientes oraciones y clasifica los conectores según la idea que expresan: causa, condición, contraste o propósito.

_____ 1. Es necesario buscar nuevas fuentes de energía <u>debido a</u> la escasez de combustible.

_____ 2. <u>A causa de</u> la escasez de combustible es necesario buscar nuevas fuentes de energía.

_____ 3. Buscamos nuevas fuentes de energía <u>a fin de que</u> no se agote el combustible.

_____ 4. Buscamos nuevas fuentes de energía <u>para</u> no agotar el combustible.

_____ 5. <u>Si</u> no buscamos nuevas fuentes de energía, agotaremos el combustible.

_____ 6. Buscamos nuevas fuentes de energía; <u>sin embargo</u>, no sabemos si las encontraremos.

_____ 7. <u>A pesar de que</u> buscamos nuevas fuentes de energía, no sabemos si las encontraremos.

Actividad 2 Para cada columna, combina las dos frases y escribe cuatro oraciones que expresan causa, condición, contraste y propósito. Sigue el ejemplo.

Ejemplo: ◆ *viajar al espacio*
         ◆ *tener dinero*

1. *contraste:*   *A pesar de que no tiene dinero, la NASA piensa viajar al espacio.*
2. *causa:*   *Debido a que no tiene dinero, la NASA no viaja al espacio.*
3. *propósito:*   *Para viajar al espacio, la NASA necesita tener dinero.*
4. *condición:*   *Si no tiene dinero, la NASA no puede viajar al espacio.*

A	B	C
• crear bebés a la carta • mejorar la humanidad	• gastar dinero en la carrera espacial • retrasar programas sociales	• encontrar nuevas fuentes de energía • reducir la contaminación

COLUMNA "A"	
contraste	
causa	
propósito	
condición	

COLUMNA "B"	
contraste	
causa	
propósito	
condición	

COLUMNA "C"	
contraste	
causa	
propósito	
condición	

Actividad 3 Ahora completa estas oraciones con tus propias ideas sobre los avances científicos.

1. A causa de _____

2. A pesar de que _____

3. Debido a _____

4. Si _____

5. _____ a fin de que _____

6. _____ ; sin embargo

_____

¡A investigar!

Ve al Internet e investiga los datos necesarios para escribir el ensayo de la tarea final. Sigue el esquema de la agenda.

Tema:

Situación actual:

Datos que justifican una posición a favor (económicos, políticos, sociales, etc.):

Datos que justifican una posición en contra (económicos, políticos, sociales, etc.):

UN ENSAYO ARGUMENTATIVO

Vas a escribir un ensayo argumentativo de 5 párrafos sobre
uno de los temas de abajo.

Antes de escribir En grupos, hablen de los siguientes tres temas. Mientras hablan, apunta ideas que se te ocurren o mencionan tus compañeros que te puedan servir en tu ensayo.

Tema 1: buscar nuevas fuentes de energía: ¿necesario o no?

Tema 2: invertir en la exploración espacial ¿justificado o no?

Tema 3: la ingeniería genética: ¿ética o no?

➤ Ahora, elige el tema sobre el que escribirás: _____

➤ ¿Cuál es tu posición, a favor o en contra? _____

➢ Escribe tres razones que apoyan tu posición:

1. _____

2. _____

3. _____

Escribir tu tesis Lee la siguiente tesis para un ensayo argumentativo. Subraya con una raya el tema, y con dos rayas, la posición del autor. ¡OJO!: Este tema **no** es el tema de tu ensayo.

"De todas las amenazas a la Naturaleza, la destrucción de los bosques de lluvia es la peor."

Si la lees con cuidado, verás que alguien puede estar a favor o en contra de lo que se dice: eso es esencial para poder argumentar una posición. Ahora, escribe tu tesis y subraya tu posición.

_____

_____

_____

Escribir tu bosquejo Para lograr un buen ensayo, es muy importante que primero se haga un bosquejo (*outline*) que organice las ideas. En casa, completa el siguiente bosquejo en la computadora. No hay que escribir oraciones completas.

Introducción
- Idea general sobre el tema
- Ideas que vas a presentar en tu ensayo
- Tesis

1er párrafo del desarrollo
- Oración temática que introduce el primer punto de apoyo
- Ejemplos o información que desarrollan el punto de apoyo
- Transición al siguiente párrafo

2o párrafo del desarrollo
- Oración temática que introduce el segundo punto de apoyo
- Ejemplos o información que desarrollan el punto de apoyo
- Transición al siguiente párrafo

3er párrafo del desarrollo
- Oración temática que introduce el tercer punto de apoyo
- Ejemplos o información que desarrollan el punto de apoyo
- Transición a la conclusión

Conclusión
- Resumen de tu argumento y tu tesis

Escribir tu ensayo Trae tu bosquejo a clase (lo usarás como guía). Recuerda que esta tarea final debe contener características de lenguaje formal y escrito. Además, no te olvides de usar conectores o frases de transición para que fluya tu ensayo.

Capítulo 3: Grammar at a Glance

El futuro

Just like in English, there are many ways to talk about the future in Spanish. For example, to talk about plans to buy a computer, we can say "I feel like buying a computer," "I need to buy a computer," "I plan to buy a computer," "I'm going to buy a computer," "I will buy a computer," etc. Luckily, you learned the majority of these structures in your first-year Spanish courses and they are all very simple. What's even better is that the new way to talk about the future (presented in this chapter), is also very easy to learn!

Estructuras para referirse al futuro

TENER + QUE + INFINITIVO This formula means "to have to do something."

Tienen que investigar más ese tema.	*They have to investigate that topic more.*
Tengo que hablar con un consejero genético.	*I have to talk to a genetic counselor.*

TENER + GANAS + DE + INFINITIVO This formula means "to feel like doing something."

¿Tienes ganas de estudiar astronomía?	*Do you feel like studying Astronomy?*
Tienen ganas de hacer otro viaje espacial.	*They feel like going on another space flight.*

PENSAR + INFINITIVO This formula means "to plan to do something."

Pensamos comenzar una nueva investigación.	*We're planning to start a new study.*
Pienso ser astronauta en 20 años.	*I'm planning to be an astronaut in 20 years.*

IR + A + INFINITIVO This formula means "to be going to do something."

Van a descubrir una cura pronto.	*They're going to discover a cure soon.*
Solo voy a comprar productos orgánicos.	*I'm only going to buy organic products.*

Futuro sintético This type of future is called "synthetic," which basically means that all the grammatical information is combined into one word (instead of a small phrase like "*voy a estudiar*").

REGULARES This tense is very easy to conjugate, especially since the conjugation of "-ar," "-er," and "-ir" verbs is identical:

stem	ending	verb in future
infinitive +	-é	hablaré
	-ás	hablarás
	-á	hablará
	-emos	hablaremos
	-éis	hablaréis
	-án	hablarán

Mis nietos vivirán en Marte algún día.	*My grandchildren will live on Mars some day.*
Comeremos muchos alimentos transgénicos en el futuro.	*We will eat a lot of transgenic foods in the future.*

Some verbs have an irregular stem in the future. Instead of adding the future endings to the infinitive, use the following irregular stems:

saber >	sabr-	venir >	vendr-
poder >	podr-	salir >	saldr-
haber >	habr-	querer >	querr-
tener >	tendr-	decir >	dir-
poner >	pondr-	hacer >	har-

Habrá muchos avances en este campo.   *There will be many advances in this field.*
¿Qué dirás si te ofrecen clonarte?   *What will you say if they offer to clone you?*

¡OJO! Remember to use subjunctive if you are expressing will, wish, emotion, reaction, doubt or denial.

Espero que podamos regresar a la luna.   *I hope we'll be able to return to the moon.*
Dudo que haya clonación humana en el futuro.   *I doubt there will be human cloning in the future.*

El subjuntivo después de conjunciones

Conjunciones de propósito y contingencia

There are 5 conjunctions in this chapter that express purpose (the reason for or goal of an action) and contingency (a condition upon which another situation depends). These conjunctions are **always** followed by verbs in the subjunctive mood.

S	sin que	without
P	para que	so that
A	a menos que	unless
C	con tal (de) que	as long as / provided that
E	en caso (de) que	in case

Los investigadores tendrán éxito a menos que el satélite se pierda.   *The researchers will be successful unless the satellite is lost.*
Van a darnos una vacuna en caso de que haya una epidemia.   *They're going to give us a vaccine in case there is an epidemic.*

Conjunciones de tiempo

There are 6 conjunctions of time in this chapter. These conjunctions are followed by a verb in the subjunctive **only** if the action is pending. But watch out... There is an exception to this rule! "Antes de que" is always followed by the subjunctive!

H	hasta que	until
E	en cuanto	as soon as
A	antes de que	before
D	después de que	after
C	cuando	when
T	tan pronto como	as soon as

No estaré satisfecha hasta que aprenda más.   *I won't be satisfied until I learn more.*
No estuve satisfecha hasta que aprendí más.   *I wasn't satisfied until I learned more.*
Estará contento cuando vaya en la misión.   *He'll be happy when he goes on the mission.*
Siempre está contento cuando va en una misión.   *He's always happy when he goes on a mission.*

El subjuntivo con antecedentes inexistentes o indefinidos

So far this semester, you've seen a lot of subordinate clauses! This section deals with a specific type of subordinate clause: the relative clause. The function of the relative clause is to describe a person or thing (the "antecedent") mentioned previously in the main clause. For example:

1. I have a <u>profession</u> [that offers me the opportunity to contribute to society].
2. We want to support <u>research</u> [that helps cure devastating illnesses].
3. My father wants to live in a <u>country</u> [where stem-cell research is legal].

As you can see, all the subordinate clauses [in brackets] describe the antecedents (which are <u>underlined</u>). These sentences all have the same syntactic structure:

verb phrase   +   NOUN   +   que   +   verb phrase describing the antecedent
                (the antecedent)   *(or similar word)*

Antecedentes inexistentes e indefinidos

In Spanish, when the antecedent is non-existent or indefinite / non-specific (as in #2 and #3 in English above), the subjunctive is used in the subordinate clause. If you keep in mind the uses of subjunctive you've studied so far, this new subjunctive rule shouldn't seem very surprising. You already learned that the subjunctive mood is used when the speaker expresses doubt or denial. With indefinite or non-existent referents, the speaker is simply expressing doubt or denial regarding the existence of the antecedent.

Queremos trabajar en un proyecto que <u>tenga</u> éxito.   *We want to work on a project that is successful.*
(The subjunctive is used because we don't have a specific project in mind. Plus, there is always the possibility that we won't find this "ideal" project or that no such project exists.)

No hay ninguna vacuna que nos <u>pueda</u> proteger   *There is no vaccine that can protect us against*
     contra el nuevo virus.   *the new virus.*
(The subjunctive is used because we are talking about a vaccine that does not exist.)

Antecedentes existentes y definidos

On the other hand, when the antecedent does exist or is definite / specific (as in #1 above), the indicative is used in the subordinate clause.

El equipo está trabajando en un proyecto que   *The team is working on a project that receives*
     <u>recibe</u> mucho apoyo gubernamental.   *a lot of government support.*
(The indicative is used because we are talking about a specific project that does exist.)

La universidad tiene una nueva vacuna que solo   *The university has a new vaccine that only*
     <u>cuesta</u> cinco dólares.   *costs five dollars.*
(The indicative is used because we are talking about a specific vaccine that does exist.)

La "a" personal

As you know, we typically insert a personal "a" when the direct object of a verb is a person. However, the personal "a" is not used with indefinite / non-existent antecedents. Compare the 2 sentences below:

<u>**Conozco a un hombre**</u> **que es astronauta.**   *I know a man who is an astronaut.*
<u>**Busco un hombre**</u> **que sea astronauta.**   *I'm looking for a man who is an astronaut.*

Conjunction's Future [illegible] *Subordinati. [illegible]*

Capítulo 3: Vocabulary at a Glance

Descubrimientos y avances

SUSTANTIVOS

el apoyo	support
el campo	field
la cantidad	quantity
el/la científico/a	scientist
el combustible	fuel
el consumo	consumption
el/la donante	donor
la energía	energy
la escasez	scarcity, shortage
la etapa	stage, phase
el equipo	team
la fuente	source
el hallazgo	finding
la investigación	research
el laboratorio	laboratory
la luz	light
la máquina	machine
la mente	mind
el petróleo	petroleum
la propuesta	proposal
el proyecto	project
la radiación	radiation
el resultado	result
la sangre	blood
el sol	sun

VERBOS

anunciar	to anounce
avanzar	to advance
congelar	to freeze
constar de	to consist of
construir [y]	to build
destruir [y]	to destroy
dirigir	to direct
elaborar	to create
funcionar	to function, work
generar	to generate
hacerse público	to make public
involucrar	to involve
ir por delante	to be at the forefront
publicar	to publish
realizar	to achieve
reflejar	to reflect
resolver [ue]	to resolve
sintetizar	to synthesize

ADJETIVOS

actual	current, present
avanzado/a	advanced
exitoso/a	successful
inevitable	unavoidable
reciente	recent

Exploración

SUSTANTIVOS

el agujero negro	black hole
el asteroide	asteroid
la estrella	star
la expedición	expedition
e/la extraterrestre	alien
los fondos	funds, funding
la luna	moon
Marte	Mars
el mercader	merchant
la nave	ship
el planeta	planet
el recurso	resource
la ruta	route
el Sistema Solar	Solar System
la Tierra	Earth
el/la tripulante	crew member
el universo	universe

VERBOS

advertir [ie]	to warn
agotar	to deplete
alunizar	to land on the moon
aparecer [zc]	to appear
aprobar [ue]	to approve
aterrizar	to land
desaparecer [zc]	to disappear
inspeccionar	to inspect
navegar	to navegate
retrasar	to delay
rodear	to surround

ADJETIVOS

antiguo/a	ancient
cercano/a	close, near(by)
desconocido/a	unknown
lejano/a	far, distant

Ingeniería genética

SUSTANTIVOS

el ADN	*DNA*
el alimento	*food*
la bioética	*bioethics*
la célula madre	*stem cell*
el clon	*clone*
la clonación	*cloning*
el cociente intelectual	*Intelligence Quotient (IQ)*
el código	*code*
la cura	*cure*
el embrión	*embryo*
la enfermedad	*illness, disease*
la fertilización	*fertilization*
la genética	*genetics*
la ley	*law*
la manipulación	*manipulation*
el órgano	*organ*
la reproducción	*reproduction*
el riesgo	*risk*
el ser humano	*human being*
la técnica	*technique*
el trasplante	*transplant*
la vacuna	*vaccine*

VERBOS

clonar	*to clone*
implantar	*to implant*
inyectar	*to inject*
manipular	*to manipulate*
modificar	*to modify*
perfeccionar	*to perfect*
prevenir [g]	*to prevent*
utilizar	*to utilize*

ADJETIVOS

biológico/a	*biological*
cosmético/a	*cosmetic*
costoso/a	*costly*
ético/a	*ethical*
físico/a	*physical*
genético/a	*genetic*
humano/a	*human*
ilegal	*illegal*
legal	*legal*
tentador/a	*tempting*
transgénico/a	*transgenic*

Palabras y expresiones útiles

a diario	*daily*
al igual que	*the same as*
altamente	*highly*
a punto de	*on the verge of*
aun así	*even so*
cualquier	*any*
debido a	*owing to*
gracias a	*thanks to*
hacer falta	*to be lacking, needed*

hasta ahora	*until now*
incluso	*even, including*
no se sabe cómo	*no one knows how*
partiendo de cero	*starting from zero*
poco importa	*it matters little*
pronto	*soon*
recientemente	*recently*
sino	*but (rather)*
tarde o temprano	*sooner or later*

Mis propias palabras

_____   _____

_____   _____

_____   _____

_____   _____

_____   _____

El poder de la imagen

brecha generacional   **identidad cultural**   **las artes**

"La diversidad de los hombres viene de la cultura, no de la naturaleza."
Arturo Uslar Pietri (escritor y político venezolano)

Codo a codo con el contenido:

En este capítulo vamos a explorar el concepto de identidad en diferentes campos. Para comentar y expresar nuestras ideas sobre este tema, vamos a usar:
- los tiempos pasados
- el pasado del subjuntivo
- el condicional

También seremos capaces de:
- reconocer variación dialectal
- formular preguntas

Nuestra tarea final: UNA ENTREVISTA

¡Déjate volar!

Se dice que **una imagen vale más que mil palabras**. ¿Qué te dice la imagen de esta mujer? Contesta las preguntas a continuación.

¿En qué país vivirá? _____

¿Cuántos años tendrá? _____

¿Cuáles serán sus pasatiempos favoritos? _____

_____

¿Cómo será ella? _____

_____

_____

_____

Abriendo el tema

Actividad 1 En español, y en tus propias palabras, explica el mensaje de cada una de las tiras cómicas a continuación.

_____

_____

_____

_____

_____

_____

"I don't think it sends the
right vibe."

_____

_____

_____

_____

_____

_____

_____

_____

_____

_____

Actividad 2 ¿Qué palabras o frases de la lista asocias con las siguientes fotos? Escribe 3 de ellas debajo de cada foto.

orgullo   identidad   tradición   nacionalidad   auto-expresión   contracultura
vestigio   lenguaje no estándar   artesanías   estilo personal   tiempo
herencia   similitudes   convivencia   rebelión   clase social   antepasados
modernidad   destreza   ser humano   diversidad   individualidad   raíces

Capítulo 4: El poder de la imagen

Actividad 1 En tus propias palabras, escribe una definición de la expresión "brecha generacional". Incluye algunos ejemplos de los problemas que puede causar.

NO BONANZA, NO GUNSMOKE, NO LED ZEPPELIN... WHAT A SAD STATE OF AFFAIRS THIS IS! I'M GLAD I'M NOT IN YOUR GENERATION...

© www.CartoonStock.com

_____

_____

_____

_____

_____

_____

_____

_____

_____

_____

_____

Actividad 2 De la lista siguiente, subraya todas las palabras que NO asocias con el concepto de "brecha generacional".

conflicto   entendimiento   aceptación   política   similitudes

perspectiva   conformidad   comprensión   discutir   creencia

parientes   economía   ignorancia   juventud   opuesto   odio

testarudo   edad   experiencia   amistad   prioridad

estilo   comunicación   expectativas   negligencia   moda

Haz los siguientes ejercicios relacionados con el tema de la brecha generacional.

Antes de leer Vas a leer varios blogs sobre la brecha generacional hoy en día. Antes de leerlos, escribe los temas que crees que se van a mencionar.

[blank box]

Lectura Lee los siguientes blogs escritos por unos adolescentes. Debajo de cada uno hay una oración que se omitió. Elige el número (1, 2 o 3) que corresponde al lugar donde debería aparecer la oración.

[1] Por suerte no existe una brecha generacional entre mis padres y yo, pero sí la he visto entre varios de mis compañeros y sus padres. [2] Eso hace que no tengan ni buena comunicación ni mucho en común. Mucha de la culpa es de los padres porque tienen todas las herramientas necesarias para reducir la brecha con sus hijos, pero no intentan aprender más de tecnología. Deben dejar de lado el orgullo para pedir ayuda y tratar de aprender a usarla. [3] - *Tania*

La tecnología es uno de los factores principales en esta brecha, comenzando por la falta de conocimiento y práctica de su funcionamiento en totalidad.
¿Dónde debería aparecer esta oración? _____

Personalmente, me llevo bien con mis papás. [1] Pero sé que es raro que un adolescente quiera tener algo que ver con sus padres y esta distancia aumenta con el uso de la tecnología. [2] Aunque parte de la culpa es de la tecnología, otra parte es nuestra actitud. [3] No obstante, siempre y cuando los dos lados tengan ganas de mejorar su relación, nunca es tarde para encontrar una solución. - *Sonia*

Creo que si esto se soluciona cuando todavía no se es adolescente, podría ser más fácil.
¿Dónde debería aparecer esta oración? _____

[1] Pienso que la brecha generacional es el factor que separa nuestra generación de la de nuestros padres. [2] Sin embargo, hablando tecnológicamente, en las últimas décadas hemos vivido un cambio exageradamente rápido y avanzado. [3] Desafortunadamente, nuestros padres no han participado en esto, y el resultado es que hay aún menos entendimiento entre nosotros. - *Ernesto*

Obviamente esto siempre ha existido: generación tras generación ha visto cambios en su ideología.
¿Dónde debería aparecer esta oración? _____

Sin duda la brecha generacional es el resultado de una diferencia de edades: los adultos han crecido con una cultura muy diferente, y mirar la generación anterior o la posterior se hace muy difícil. [1] Nosotros la experimentamos en la vida diaria. [2] Aunque nuestros padres crecieron en un mundo muy desarrollado, nosotros crecimos en un mundo aun más avanzado, donde la nanotecnología es el cambio principal. Los avances tecnológicos tienen un papel muy importante ya que son la diferencia entre una generación y otra. [3] - *Miguel*

Nuestros papás necesitan aprender y adaptarse a las nuevas tecnologías para estar al día con el mundo moderno.
¿Dónde debería aparecer esta oración? _____

Considero que nuestros padres deben tener una mente más abierta para que podamos tener un diálogo. [1] Creo que la solución está en que la generación de nuestros padres entienda y acepte este cambio. [2] Es necesario que sepan lidiar con esto y, a la vez, es importante que nosotros seamos más pacientes y tengamos una actitud más abierta. [3] - *Tomás*

Deben darse cuenta de que gran parte de la información que ellos ni siquiera conocían, ahora está a nuestro alcance.
¿Dónde debería aparecer esta oración? _____

Después de leer   Ahora, contesta las siguientes preguntas sobre el contenido de los blogs.

1. Según Tania, es necesario que los padres _____

   _____

2. Según Sonia, una familia puede mejorar su comunicación con tal de que _____

   _____

3. Según Ernesto, los padres e hijos no se entienden bien porque _____

   _____

4. Según Miguel, los padres tienen que _____

   _____

5. Según Tomás, no habrá buena comunicación sin que _____

   _____

Actividad 4 Piensa en algunos programas de televisión, películas o libros que ejemplifican este concepto de brecha generacional. Nombra tu ejemplo favorito y escribe una descripción breve de la brecha generacional que existe.

Ejemplo: _____

Actividad 5 Debajo hay una lista de 6 generaciones en Estados Unidos. Escribe una definición de cada una y una lista de sus características principales. Puedes consultar el Internet si lo necesitas.

Generación	Definición y características
Generación Grandiosa	
Generación Silenciosa	
Generación del "Baby Boom"	
Generación X	
Generación Y	
Generación Z	

Actividad 6 En parejas, decidan a qué generación pertenecen las personas en las fotos. Después, discutan la brecha generacional que puede existir entre algunas de estas personas. ¿Qué tienen en común? ¿Cómo son diferentes? etc.

Actividad 7 Ahora, basándote en las fotos de la página anterior, escribe dos descripciones: una de la vida en el pasado y otra de la vida hoy en día. Puedes mencionar varios aspectos relacionados con los papeles sociales, estilos de vida, prioridades, gustos, etc.

LA VIDA EN EL PASADO

En el pasado, _____

_____

_____

_____

_____

LA VIDA HOY EN DÍA

Hoy en día,_____

_____

_____

_____

_____

_____

Actividad 8 Ahora vas a hacer un juego de roles con un compañero/a. Elijan dos fotos de la página anterior y asuman los papeles de las personas en las fotos. Cada persona va a tratar de convencerle a la otra de que la generación suya es mejor. Pueden discutir temas tales como:

- **el trabajo**
- **los pasatiempos**
- **la familia**
- **la tecnología**
- **la moda**
- **los roles de género**

Actividad 9 Tu instructor/a va a poner 3 videos en español: una canción de los sesenta, una de los ochenta y una de esta década. Mientras ves cada video, toma apuntes sobre el estilo de música, los instrumentos, la apariencia física de los músicos, etc. Después, discute tus impresiones con tus compañeros de clase.

Los sesenta

_____
_____
_____
_____
_____

Los ochenta

_____
_____
_____
_____
_____

Esta década

_____
_____
_____
_____
_____
_____

¡Gramaticando! Los tiempos pasados

Paso 1: Descubriendo la gramática...

Actividad 1 Lee la siguiente conversación entre Micaela y su madre. Mientras lees, subraya todos los verbos que se refieren al pasado. Después, contesta las preguntas a continuación.

Tu maestra de matemáticas me escribió un email esta mañana. Me explicó que está muy preocupada porque no entregaste NINGUNA tarea esta semana. Además, me mencionó que te dormiste en clase ayer. ¡No lo puedo creer, Micaela!

Creo que estás pasando demasiado tiempo con tus amigas durante la semana. El lunes miraron películas toda la noche y el martes asistieron a ese concierto de los "Silverstar Pickups". ¡Esto no puede seguir! Insisto en que te quedes en casa por la noche para estudiar.

¡Ay, Mamá! En primer lugar, se llaman los "SilverSUN Pickups". ¿Por qué NUNCA te acuerdas de lo que te digo?

Y segundo, ¡¡Esto no es justo!! Sabes que esa maestra me odia. ¡Está mintiendo! NO me dormí en su clase. Sabes que soy una buena estudiante, Mamá. Pasé mucho tiempo con mis amigos el año pasado y de todas formas saqué notas excelentes al fin del año.

Y sí, es verdad que miramos películas y comimos pizza el lunes, pero Claudia y Ana también me ayudaron con mi proyecto de francés. Estudiamos MUCHO esa noche. Son muy buenas amigas y NO voy a dejar de pasar tiempo con ellas.

1. ¿Cómo se llama el tiempo verbal en esta conversación que se usa para referirse al pasado?
   a) pretérito
   b) imperfecto
   c) presente perfecto
   d) pasado del subjuntivo

2. ¿Cuáles son las funciones de este tiempo verbal? (Elige dos.)
   a) hablar de acciones o eventos que ocurrieron una vez
   b) hablar de acciones o eventos con una duración limitada
   c) hablar de acciones o estados habituales
   d) hablar de acciones o estados progresivos

3. Ahora, clasifica los verbos que identificaste en la conversación según su sujeto. Sigue el ejemplo.

yo	explicó mejoró dormí pasé ~~sigue~~
tú	entregaste dormiste
él / ella / usted	*escribió* explicó mejoró
nosotros	miramos estudiamos comimos
ellos / ellas / ustedes	miraron asistieron ayudaron

4. ¿Hay una diferencia entre la conjugación de los verbos en "-ar" y "-er" en el pretérito?

✓ sí _____ no

5. ¿Hay una diferencia entre la conjugación de los verbos en "-er" e "-ir" en el pretérito?

_____ sí ✓ no

✎ MI REGLA ✎

¿Cómo se conjuga el pretérito?

Comenzamos con el infinitivo y quitamos __la terminación (ar, er, ir)__

¿Cuáles son las terminaciones para los verbos en -AR?

yo	é	nosotros	amos
tú	aste	(vosotros)	asteis
él / ella / usted	ó	ellos / ellas / ustedes	aron

¿Cuáles son las terminaciones para los verbos en –ER / -IR?

yo	í	nosotros	imos
tú	iste	(vosotros)	isteis
él / ella / usted	ió	ellos / ellas / ustedes	ieron

¿Cuándo se usa el pretérito? __acciones o eventos con una duración limitada, que ocurrieron una vez__

Ejemplo: __yo hablé con mis amigos ayer__

Ejemplo: __nosotros comimos la pizza en el restaurante__

Actividad 2 Lee la continuación de la conversación entre Micaela y su madre. Mientras lees, subraya todos los verbos que se refieren al pasado. Después, contesta las preguntas.

No entiendo ni tu comportamiento en la escuela, ni tu actitud conmigo. Yo, de niña, no podía comportarme de esta manera.

A mis padres les importaban MUCHO mis notas y por eso no me permitían salir mucho. Tenía que estudiar todos los días y muchos de mis amigos tenían que trabajar 20 horas a la semana también.

Solo nos divertíamos los fines de semana y NUNCA nos quejábamos. Estábamos contentos con la vida que teníamos. Y...lo más imporante... ¡¡¡NUNCA trataba a mis padres tan irrespetuosamente!!! No sé qué está pasando con la juventud hoy en día...

No pretendía faltarte el respeto, Mamá, pero es que no sé comunicarme contigo. Siempre hablas de cómo te comportabas de niña, pero... no creo que tu memoria sea TAN buena. Según mi abuelita, ellos tenían un montón de problemas contigo.

De hecho, ella dice que ustedes discutían MUCHO y que ella siempre te pedía cosas y que tú nunca las hacías. Sé que ella te amaba mucho, y sé que tú me amas mucho a mí. Pero a veces creo que somos tan diferentes que nunca nos vamos a entender.

1. ¿Cómo se llama el tiempo verbal en esta conversación que se usa para referirse al pasado?
   a) pretérito
   b) imperfecto
   c) presente perfecto
   d) pasado del subjuntivo

2. ¿Cuáles son las funciones de este tiempo verbal? (Elige dos.)
   a) hablar de acciones o eventos que ocurrieron una vez
   b) hablar de acciones o eventos con una duración limitada
   c) hablar de acciones o estados habituales
   d) hablar de acciones o estados progresivos

3. Ahora, clasifica los verbos que identificaste en la conversación según su sujeto. Sigue el ejemplo.

yo	*podía* teía pendía pedía anaba
tú	comprrabas hacías
él / ella / usted	Juaba
nosotros	divertíamos teníamos quejabamos
ellos / ellas / ustedes	importaban permitían tenían ten discutían

4. ¿Hay una diferencia entre la conjugación de los verbos en "-ar" y "-er" en el imperfecto?
   __✓__ sí _____ no

5. ¿Hay una diferencia entre la conjugación de los verbos en "-er" e "-ir" en el imperfecto?
   _____ sí __✓__ no

✎ MI REGLA ✎

¿Cómo se conjuga el imperfecto?

Comenzamos con el infinitivo y quitamos _la terminación (ar, er, ir)_

¿Cuáles son las terminaciones para los verbos en -AR?

yo	aba	nosotros	ábamos
tú	abas	(vosotros)	abais
él / ella / usted	aba	ellos / ellas / ustedes	aban

¿Cuáles son las terminaciones para los verbos en –ER / -IR?

yo	ía	nosotros	íamos
tú	ías	(vosotros)	íais
él / ella / usted	ía	ellos / ellas / ustedes	ían

¿Cuándo se usa el imperfecto? _acciones o estados progresivos_
acciones o estados habituales.

Ejemplo: _Nosotros caminábamos en el parque_

Ejemplo: _Ustedes tenían tenían lagartos_

Actividad 3 La abuela de Micaela le cuenta una historia sobre su graduación de la escuela secundaria, su vida después de la graduación y los problemas que tuvo con sus padres. Lee la lista y pon una "E" al lado de los <u>eventos o acciones</u> que forman la base de la historia y pon una "D" al lado de las <u>descripciones</u> en la historia.

- **D** está entusiasmada sobre la graduación
- **E** compra un vestido
- **D** el vestido solo llega a las rodillas [knees]
- **E** su madre ve el vestido y comienza a gritar
- **D** el vestido no es apropiado
- **E** su madre va a Macy's para comprar otro vestido
- **D** se siente horrible
- **E** decide salir con sus amigas
- **E** les pregunta a sus padres si puede ir a un club
- **E** sus padres dicen que no
- **E** tiene que ir a un restaurante con sus padres y sus abuelos
- **D** los padres quieren pasar la noche con ella
- **E** se muda a Chicago
- **D** hay muchas oportunidades en Chicago y una amiga suya vive allí
- **E** conoce al abuelo de Micaela y se casan
- **D** a sus padres no les gusta su esposo

Ahora, vas a leer la narración entera en el pasado. Busca los verbos de la lista de arriba y llena la tabla con los verbos que representan eventos y los que representan descripciones.

Recuerdo la semana antes de mi graduación de la escuela secundaria. Estaba tan entusiasmada, pensando en cómo mi vida iba a cambiar. Dos días antes de la graduación, compré un vestido rojo muy bonito que solo llegaba hasta las rodillas. Cuando mi madre lo vio, comenzó a gritar, diciendo que no era apropiado y fue inmediatamente a Macy's para comprarme un vestido más conservador.

Me sentía horrible llevando ese vestido "aburrido" la noche de mi graduación, pero decidí salir con mis amigas para olvidarlo. Después de la ceremonia, les pregunté a mis padres si podía ir a un club con mis amigas y me dijeron que no. ¡Tuve que ir con mis padres y mis abuelos a un restaurante para celebrar, porque querían pasar la noche conmigo! ¡Qué desastre!

Afortunadamente, me mudé a Chicago para asistir a la universidad porque había muchas oportunidades en esa ciudad y una amiga mía vivía allí. Mi segundo año en la universidad, conocí a tu abuelo y nos casamos (aunque a mis padres no les gustaba...ja ja).

"LA COLUMNA" [backbone of the story] la secuencia de eventos	"LA CARNE" [flesh of the story] las descripciones
Ejemplo: compré un vestido	*Ejemplo: estaba entusiasmada*
lo vio, ~~comenzó~~ a gritar	llegaba las rodillas
fue a Macy's	no era apretado
decidí salir con mis amigos	me sentía horrible
les pregunté	si podría ir a un club
me dijeron	algún pasar
tuve que	había muchas
se mudé a Chicago	no les gustaba
conocí a tu abuelo	vivía
casamos	
comenzó	

¿A qué conclusión se puede llegar sobre el uso del pretérito y el imperfecto? _____

usamos el preterito con los eventos o acciones
usamos el imperfecto cohas descripciones.

Para terminar, lee las oraciones debajo y, usando tu imaginación, indica cuándo toman lugar las acciones y situaciones subrayadas.

*Cuando mi madre lo **vio**, **comenzó** a gritar y **fue** inmediatamente a Macy's.*

  vio = _4:01 p.m._   comenzó = _4:01 p.m._   fue = 5:01 pm

***Conocí** a tu abuelo y **nos casamos**.*

  conocí = _2 de septiembre de 1956_   nos casamos = 5 de octubre de 1957

***Me mudé** a Chicago porque **había** muchas oportunidades.*

  me mudé = _15 de julio de 1955_   había = _siempre_

***Compré** un vestido rojo muy bonito que solo **llegaba** hasta las rodillas.*

  compré = _21 de mayo de 1955_   llegaba = ~~30~~ 31 de Junio de 1960

____ C ✓ **F**   **Los verbos en el pretérito sirven para avanzar la historia en el tiempo.**

____ C ✓ **F**   **Los verbos en el imperfecto sirven para avanzar la historia en el tiempo.**

[avanzar = "move forward"]

✒ MI REGLA ✒

¿Cómo se usa el pretérito y el imperfecto en una narración?

Se usa el pretérito para ((la columna) / la carne) de una narración.

Se usa el imperfecto para (la columna / (la carne)) de una narración.

((El préterito) / el imperfecto) sirve para avanzar la historia en el tiempo.

Paso 2: Practicando la gramática...

Actividad 1 Vas a preparar una narración sobre el fin de semana de Micaela. Primero, coloca las siguientes frases en el dibujo, tomando en cuenta si forman la *columna* o la *carne* de la historia.

está muy cansada - se levanta a la 1:00 - desayuna pop tarts y coca-cola -
comienza a hacer su tarea - no quiere hacerla - su amiga Paula la llama por teléfono -
hablan por 20 minutos - decide no salir con sus amigas - sabe que tiene mucho que hacer -
además, hace muy mal tiempo - termina su tarea y sus quehaceres esa noche -
el domingo hace buen tiempo - su madre está de buen humor - va al cine con Paula -
regresa a casa - son las 2:00 de la mañana

Capítulo 4: El poder de la imagen

Ahora, escribe una narración del fin de semana de Micaela usando pretérito e imperfecto. Incluye conectores para mejorar la historia.

_____

_____

_____

_____

_____

_____

_____

_____

_____

_____

_____

_____

Actividad 2 Escoge la mejor opción para cada verbo para completar el siguiente párrafo. Mientras lo haces, ¡piensa en la columna y la carne!

¡Qué día tan increíble! (FUI / IBA) al centro comercial con mi madre para comprar un vestido para el "Prom" de mi escuela. (CREÍ / CREÍA) que ella (FUE / IBA) a insistir en un vestido negro y con mangas largas, pero me (DEJÓ / DEJABA) comprar el tipo de vestido que más me (GUSTÓ / GUSTABA) - ¡un vestido morado de leopardo! Después, mi madre me (LLEVÓ / LLEVABA) a la mejor tienda de zapatos del mundo. (TUVIERON / TENÍAN) miles y miles de zapatos. Después de una hora en esa tienda, (ESCOGÍ / ESCOGÍA) un par de zapatos de tacones muy altos. Supongo que mi madre (ESTUVO / ESTABA) de buen humor porque la semana pasada, (SAQUÉ / SACABA) una A en un examen de matemáticas.

Actividad 3 Escoge una de las fotos a continuación. Primero, escribe una lista de eventos (la columna de la historia). Luego, escribe una lista de descripciones (la carne de la historia). Finalmente, escribe una narración corta sobre la foto.

columna:

carne:

narración:

_____

_____

_____

_____

_____

_____

_____

_____

_____

_____

Actividad 4 Lee tu narración de la Actividad 3 a unos compañeros de clase. Después de escuchar tu narración, tus compañeros tienen que resumirla en sus propias palabras. Trabajen en grupos de tres y tomen turnos.

Actividad 5 Tu instructor/a leerá una narración para cada una de las siguientes fotos. Mientras escuchas, primero identifica la foto a la que se refiere y después haz una lista de los verbos que oyes. Al final, en grupos, traten de reconstruir las narraciones.

VERBOS:_____

_____

_____

_____

VERBOS:_____

_____

_____

_____

VERBOS:_____

_____

_____

_____

VERBOS:_____

_____

_____

_____

Actividad 6 En grupos de 4 o 5 estudiantes, van a narrar oralmente seis historias basándose en las fotos a continuación. Alguien va a comenzar y cada miembro del grupo tiene que agregar una oración hasta que se termine. Un estudiante (el "monitor") va a escribir todo lo que dicen los miembros de su grupo. Al final, traten de identificar sus errores.

#1

#2

#3

#4

#5

#6

Capítulo 4: El poder de la imagen

Actividad 1   Lee los pensamientos de las siguientes 5 personas y completa la página siguiente.

Mi esposa **ha pasado** casi todas las noches bailando con sus amigas. No sé por qué nunca me invitan a salir con ellas.

¡Los jóvenes **han destruido** nuestra sociedad! No me gusta ni su música ni su ropa, ni su comportamiento.

¡Mis padres son demasiado conservadores! No entienden por qué me **he teñido** el pelo tantas veces este año.

¿Por qué no vienes a cenar esta noche, Papá? No **has comido** con nosotros en toda la semana.

Creo que **nos hemos peleado** con nuestra hija todos los días desde que cumplió 12 años. ¡No la entendemos!

Ahora, clasifica los verbos que identificaste en la conversación según su sujeto. Después, tradúcelos al inglés.

yo	he teñido	have dyed
tú	has comido	have eaten
él / ella / usted	ha pasado	has passed
nosotros	nos hemos peleado	we have fought
ellos / ellas / ustedes	han destruido	they have destroyed

⚓ MI REGLA ⚓

¿Cómo se conjuga el present perfecto?

El presente perfecto consiste en 2 partes: **el verbo auxiliar y el participio pasado**.

Para el verbo auxiliar, siempre usamos el verbo: a) hacer   (b) haber   c) ser   d) estar

Las formas del verbo auxiliar son:

yo	he	nosotros	hemos
tú	has	(vosotros)	habéis
él / ella / usted	ha	ellos / ellas / ustedes	han

Para formar el participio pasado, tenemos que quitar _____ar / er / ir_____ y añadir:

_____ado_____ a los verbos en –AR

_____ido_____ a los verbos en –ER e –IR

Ejemplo en inglés: _____nosotros hemos hablado_____

Traducción al español: _____we have talked_____

Ejemplo en inglés: _____Ella ha comido_____

Traducción al español: _____she has eaten_____

Actividad 1 Llena los espacios con el presente perfecto del verbo entre paréntesis.

1. En mi opinión, nuestra sociedad _____ (mejorar) muchísimo

   en la última década.

2. Mis padres siempre _____ (criticar) mi estilo de vida. No

   es fácil comunicarme con ellos.

3. Nunca _____ (poder) entender a mi abuela. No sé cómo

   puede estar contenta cocinando y limpiando todo el día.

4. ¿Por qué no _____ (aprender) nada de los errores de tus

   antepasados? Creo que necesitas cambiar tus prioridades.

5. Mi madre jamás _____ (vivir) sola. Mi abuelo y mi padre

   siempre le _____ (ayudar) con todo.

Actividad 2 Escribe una lista de cosas que has hecho con miembros de tu familia este año y otra lista de cosas que has hecho sin tu familia (solo/a, con amigos, etc). ¡Usa el presente perfecto!

(con miembros de mi familia)

1. _____

2. _____

3. _____

4. _____

5. _____

(sin mi familia)

1. _____

2. _____

3. _____

4. _____

5. _____

Traduce las siguientes oraciones al español. ¡Cuidado con el nuevo vocabulario!

1. *My brother and I have always gotten along well.*

_____

_____

2. *This year, my family has dealt with a lot of economic problems.*

_____

_____

3. *This week has been really hard! I fought with my parents and broke up with my boyfriend.*

_____

_____

4. *I think my parents have finally realized that their expectations are too high.*

_____

_____

5. *Have you told your parents that you're planning to move?*

_____

_____

Actividad 4 Lee el siguiente blog en el cual los blogueros comentan lo que ha hecho su generación para mejorar el mundo. Identifica todos los errores relacionados con el presente perfecto y corrígelos.

Logros de nuestras generaciones

Yo soy miembro de la generación del "Baby Boom" y estoy MUY orgulloso. Nosotros hemos luchados por las libertades y los derechos civiles. Creo que hemos mejorado muchísimo nuestro país. Vivan los "Baby Boomers"!

Mi generación es la "Generación Y" y estoy convencida de que es la mejor!!!!! La "Generación Y" ha hacido muchos avances científicos y tecnológicos. Como resultado, la población mundial tiene acceso a un montón de cosas, servicios, etc.

La generación en la que yo crecí—la Generación Grandiosa—ha contribuido mucho al éxito y felicidad del mundo moderno. La Generación Grandiosa no ha mejorado solamente los EEUU. Con su participación en la Segunda Guerra Mundial, la Generación Grandiosa he sacrificado mucho para mejorar el mundo entero.

Yo soy de la llamada "Generación Silenciosa", pero odio este nombre ya que no fuimos "silenciosos" para nada! Muchos artistas famosos, tales como Elvis Presley y Jimi Hendrix son miembros de mi generación. Nosotros hamos contribuido mucho al desarrollo artístico de los Estados Unidos.

Tengo 16 años y pertenezco a la "Generación Z". Creo que mi generación es más tolerante y multicultural, probablemente debido a la tecnología. Sé que mucha gente "vieja" critica la tecnología, pero nos ha permitido comunicarnos con personas en otras partes del mundo, conocer música de otros países, etc. Creo que en el futuro, el mundo va a ser mejor por los logros de mi generación.

Soy un poco mayor que el último bloguero, pero mi generación—la "Generación X"—también ha jugado un papel muy importante en la vida del siglo XXI. Debido a los esfuerzos de mi generación, ha sido muchos cambios positivos relacionados con las relaciones internacionales, por ejemplo.

Actividad 1 Toma la siguiente mini-prueba para probar tus conocimientos de los tiempos pasados.

1. To conjugate "-ar" verbs in the preterit, we drop the "-ar" from the infinitive and add the appropriate ending: "-é", "-aste", "-ó", "-amos", "-aron". _____ T _____ F

2. To conjugate "-er / -ir" verbs in the preterit, we drop the "-er / -ir" from the infinitive and add the appropriate ending: "í", "-iste", "-ó", "imos", "ieron". _____ T _____ F

3. In a narration, we typically use the preterit for the _____ of the story and the imperfect for the _____ of the story.

4. The imperfect usually moves the story forward in time. _____ T _____ F

5. The present perfect tense in both English and Spanish contains two words. _____ T _____ F

6. To conjugate the present perfect, we use the verb "estar" plus a past participle. _____ T _____ F

Actividad 2 Basándote en tu rendimiento en las actividades y la mini-prueba, completa la siguiente auto-evaluación.

	excellent	good	weak
My mastery of preterit conjugation is...			
My mastery of imperfect conjugation is...			
My ability to narrate using a combination of preterit & imperfect is...			
My understanding of present perfect is...			

Actividad 1 Mira estas fotos y marca dos que crees que forman parte de tu identidad cultural y dos que no forman parte de ella. Escribe debajo las razones.

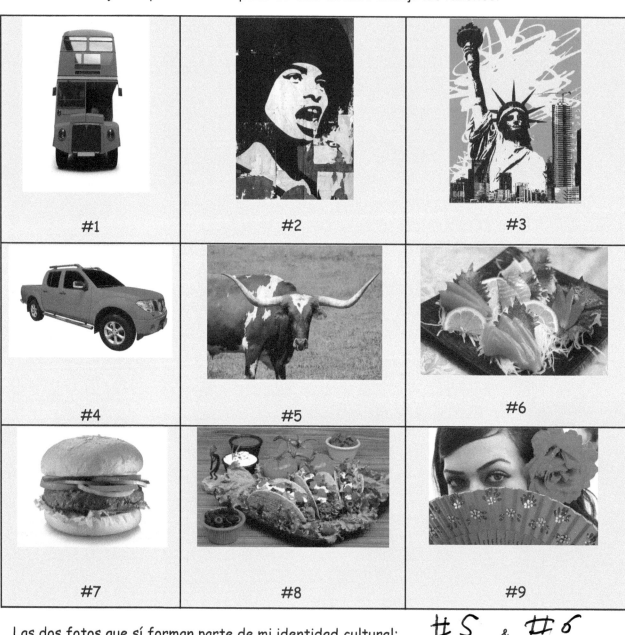

#1

#2

#3

#4

#5

#6

#7

#8

#9

Las dos fotos que sí forman parte de mi identidad cultural: __#5__ & __#6__

¿Por qué? __yo estoy en Texas, y me vsta el sushi__

Las dos fotos que no forman parte de mi identidad cultural: __#4__ & __#1__

¿Por qué? __yo no dino una Comi neon y__

__no vivo en el Londres__

Actividad 2 Con las siguientes palabras intenta reconstruir una definición de identidad cultural.

Símbolos · balls · creencias · comunes... vale · behavior (handwritten)

símbolos, creencias, antepasados, comunes, unen, valores, comportamientos

La identidad cultural es el compendio de _Símbolos_, _creencias_, _antepasados_ y _comportamientos_ que son _Comunes_ a una cultura y la _unen_. La identidad cultural viene transmitida por nuestros _Valores_ y permite que los individuos sientan que forman parte de un grupo.

Actividad 3 Imagina que estás en un lugar imaginario donde nunca han escuchado hablar de tu país o tu cultura. Completa el cuestionario para darles la información más relevante de tu cultura.

#		
1.	Símbolo	la bandera, futbol, hamburguesa
2.	Libro	de Killa mockingbird
3.	Obra de arte (cuadro, monumento…)	La estatua de la Libertad
4.	Comportamiento estereotipado	ruidoso, gordioso, arrogante
5.	Historia o cuento popular	la revolución estadounidense
6.	Comida	hamburguesa, el perro caliente
7.	Creencia o valor	materialismo, individualismo
8.	Música	el la nuestra country, hip-hop
9.	Película o tipo de cine	la acción, la aventura, horror
10.	Dos cosas que te enseñaron tus padres o abuelos	ser positiva, trabajadora

Actividad 4 Compara tus respuestas con un compañero. Anota las respuestas que tienen en común. Al final elijan lo que mejor representa su identidad cultural.

Respuestas en común:
ruidoso, grosero, la revolución estadounidense
hamburguesa la música country
acción, Monstru1 as hamburguesas de ta m USA

Lo que creemos que mejor representa la identidad cultural de nuestro país es _la bandera,_
el sueño americano, hamburguesa.

Actividad 5 Vas a escuchar a dos jóvenes de diferentes nacionalidades hispanas. Haz las actividades sobre el audio.

Antes de escuchar Estas personas responden al mismo cuestionario de la Actividad 3. Una de las personas es de Puerto Rico y la otra es de España. Junto con un compañero escriban dos respuestas que creen que van a responder estas personas al cuestionario.

Bárbara (Puerto Rico)	Alberto (España)

Conecta estas palabras que escucharás en el audio con su respectivo significado.

Audio 1 (Bárbara):

1. descendencia	correr para lograr ímpetu
2. rana (sapo)	animal de color verde que vive cerca del agua dulce y come insectos
3. Carnaval	transportar
4. extrapolar	amor a tu país
5. coger impulso	animal que es la madre del pollo
6. orgullo patrio	conjunto de hijos y nietos que tiene una familia en línea directa
7. cargar	fiesta en la que la gente lleva máscaras y trajes muy elaborados
8. gallina	aplicar ideas de un tema a otro tema

Audio 2 (Alberto):

1. recorrer carreteras	describe a una persona que produce muchos sonidos escandalosos (habla en tono alto)
2. enloquecer	sinónimo de afectuoso
3. bombardeo	comportamiento no siempre "honesto" para conseguir un propósito
4. ruidoso	acción de tirar bombas seguidas
5. cálido	comportamiento un poco agresivo y arrogante
6. picaresca	viajar en coche
7. chulería	una oración que transmite el saber popular
8. refrán	perder la razón; volverse loco/a

Mientras escuchas Mira los videos y completa la tabla con la información que te dan.

	BÁRBARA	ALBERTO
1. Símbolo		
2. Libro		
3. Obra de arte (cuadro, monumento…)		
4. Comportamiento estereotipado		
5. Historia o cuento popular		
6. Comida		
7. Creencia o valor		
8. Música		
9. Película o tipo de cine		
10. Dos palabras que tus padres o abuelos siempre te decían		

Después de escuchar Contesta las siguientes preguntas sobre los videos que miraste.

1. *"Pa'tras ni pa' coger impulso"* Esta expresión la dice Bárbara en el video. ¿Qué quiere decir?

   a. You should always focus on the future and your goals.
   b. You learn a lot from past experiences.
   c. You always have to keep moving to get ahead.
   d. You should follow your impulses.

2. "La guagua aérea" es la película que Bárbara eligió para representar a su país. ¿Cuál es el tema de la película?

   a. An airplane accident in Puerto Rico
   b. Puerto Rican migration to New York
   c. Tourists traveling to Puerto Rico
   d. Puerto Rico's status in the United States

3. Alberto explica que uno de los valores en la cultura española es la *picaresca*. ¿Cuál sería un ejemplo de lo que significa *picaresca*?

   a. Being the life of the party
   b. Studying all weekend for an exam
   c. Talking your way out of a speeding ticket
   d. Shopping on Ebay

4. Según Alberto, ¿qué representa el cuadro "Guernica"?

   a. Bullfighting in Spain
   b. The Spanish Civil War
   c. A stereotypical Spanish city
   d. Spanish royalty

5. En parejas escriban dos diferencias entre lo que Uds. respondieron y lo que respondieron las personas de los videos.

Paso 1: Descubriendo la gramática...

Actividad 1 Lee estas declaraciones sobre identidad cultural y escribe el número de cada una en el espacio de la persona que crees que lo dijo. Después, responde las preguntas a continuación.

1. Al principio del curso no pensaba que en Antropología **sacara** una A. Pero como me encantó el tema de la identidad cultural de la clase, estudié mucho.

2. Les dije a mis padres que viajaría con ellos a Europa con tal de que **fuéramos** a Irlanda. Me interesa mucho saber más de mis antepasados.

3. Cuando era niña, quería que mi mamá me **hablara** de mis abuelos de la República Dominicana. Este año les pedimos que **vinieran** en Navidad.

4. Sabía que a ti te encantaba bailar tanto como a mí. Por eso te recomendé que **tomaras** una clase de bailes del mundo. Tomé la clase el semestre pasado y me encantó.

5. Antes me molestaba que mis padres siempre **cocinaran** comida típica de su país porque prefería comer hamburguesas como mis amigos. Pero ahora sí me gusta.

6. De pequeño siempre decía que cuando **tuviera** hijos, íbamos a viajar juntos a Bolivia. Mi familia es de ese país, y ahora, cada verano voy allá con mi hija.

1. ¿Qué tiempos verbales aparecen en las oraciones principales? (Hay más de una.)
   a) presente   b) pretérito   c) imperfecto   d) futuro

2. Hay un nuevo tiempo verbal en las cláusulas subordinadas. Esta nueva forma se refiere al:
   a) presente   b) pasado   c) futuro

3. El modo de este nuevo tiempo verbal es:
   a) indicativo   b) subjuntivo

4. El nombre de este nuevo tiempo verbal es:
   a) pasado perfecto   b) presente del subjuntivo   c) pasado del subjuntivo

Ahora, compara las oraciones A y B y contesta las preguntas 5 a 7.

   A) Mis padres me **contaron** historias de mis bisabuelos.
   B) Quería que mis padres me <u>contaran</u> historias de mis bisabuelos.

   A) Mis amigos **tuvieron** una fiesta para celebrar nuestra independencia.
   B) Esperaba que mis amigos <u>tuvieran</u> una fiesta para celebrar nuestra independencia.

5. Para conjugar el pasado del subjuntivo, tenemos que comenzar con la:
   a) 3ª persona singular del pretérito   b) 3ª persona plural del pretérito
   c) 3ª persona singular del imperfecto   d) 3ª persona plural del imperfecto

6. ¿Qué letras tenemos que quitar de esta forma? _____

7. En cada oración de la Actividad 1 hay uno o dos verbos subrayados. Escríbelos en la tabla al lado de su correspondiente infinitivo y escribe el sujeto.

INFINITIVO	VERBO CONJUGADO	SUJETO
Sacar	*sacara*	*yo*
Ir		
Hablar		
Venir		
Tomar		
Cocinar		
Tener		

8. Basándote en los verbos en la tabla, ¿cuáles son las terminaciones del pasado del subjuntivo?

   YO: _____   **TÚ:** _____   **ÉL / ELLA / USTED:** _____

   NOSOTROS: _____   **ELLOS / ELLAS / USTEDES:** _____

Actividad 2 Lee las preguntas que hizo un entrevistador a un grupo de gente sobre diferentes temas y las respuestas que dieron. Escribe al lado las formas del pasado del subjuntivo que aparecen en cada respuesta. A continuación elige del cuadro la razón (1-5) por la que se usó el subjuntivo y escríbela en el recuadro.

RAZONES: 1. Deseo, voluntad o necesidad 2. Emoción o reacción 3. Duda o negación 4. Conjunción de propósito o contingencia 5. Antecedente indefinido o inexistente

PREGUNTAS	VERBO(S) EN PASADO DEL SUBJUNTIVO	¿POR QUÉ SUBJUNTIVO?
1. ¿Cuáles eran sus deseos cuando eran niños? Nos gustaba mucho el baile, por eso siempre les pedíamos a nuestros padres que nos llevaran al barrio de Boca en Buenos Aires para ver espectáculos de tango. (Santi y Pilar, Argentina)		
2. ¿Qué películas le gustaba ver cuando era niño? Como vivíamos en la ciudad de México, buscaba siempre un cine que tuviera películas de Cantinflas. Siempre lo encontraba porque Cantinflas era un referente cultural en México. (Pancho, México)		
3. ¿Qué significa para Ud. identidad cultural? No creo que nadie sepa exactamente qué significa. En el pasado, a nuestros padres no les gustaba que habláramos de la identidad. Por eso todavía es nuevo el tema para nosotros. Vamos a necesitar que pase un tiempo para establecer una definición. (Raúl, Puerto Rico)		
4. ¿Qué consejo le daría Ud. al presidente de un país que tenga problemas de convivencia entre diferentes etnias? Quizás no sea lo mismo, pero tuvimos ese problema en una escuela multicultural. Le aconsejé al director que escuchara a los estudiantes para que supieran que se les hacía caso. (Jorge, España)		

¿Cómo se conjugan los verbos en el pasado del subjuntivo?

Uso el subjuntivo en varios contextos. Los seis usos que he aprendido este semestre son:

1) _voluntad / deseo / necesidad_

2) dudar/negar

3) certeza / proposito

4) antecedente indeterminado inexiste

5) emociones/relaciones

6) _____

Normalmente uso el pasado del subjuntivo cuando el verbo de la cláusula principal está conjugado en:

a) presente   b) pasado   c) futuro

Para conjugar el pasado del subjuntivo, ¿con qué forma verbal tengo que comenzar?

ellos forma preterit

¿Cuáles son las terminaciones del pasado del subjuntivo?

yo		nosotros	
tú		(vosotros)	
él / ella / usted		ellos / ellas / ustedes	

¿Hay alguna forma que lleve acento escrito?   Sí ✓   No _____   en vowel

¿Cuál es y dónde aparece el acento? ____ accenton nosotros betre ending

¿Se forman igual los regulares y los irregulares?   Sí _____   No _____ ✓

Ejemplo: _____

Ejemplo: _____

Actividad 1 Completa el cuadro con la tercera persona del plural del pretérito y la forma indicada del pasado del subjuntivo. Recuerda que todos estos verbos son <u>irregulares en pretérito</u>.

	Pretérito (ellos)	**Pasado del subjuntivo**
Ser		(yo)
Ir		(yo)
Estar		(yo)
Venir		(yo)
Decir		(yo)
Hacer		(tú)
Traer		(tú)
Haber		(él)
Poder		(él)
Poner		(nosotros)
Dar		(nosotros)
Saber		(ellos)
Tener		(ellos)

Actividad 2 Completa el cuadro con las personas correspondientes de los verbos indicados.

	dar	venir	estar	querer	ser
yo	diera				
tú		vinieras			
él / ella / usted				quisiera	
nosotros					fuéramos
ellos / ellas / ustedes			estuvieran		

Actividad 3   Completa las oraciones con los verbos en pasado del subjuntivo.

1. Estuve de acuerdo en responder las preguntas de identidad cultural con tal de que me

    (dejar) _____ responder lo que yo creía.

2. No me gustaba que en las clases los alumnos (hablar) _____ de

    cultura nacional porque mis padres eran extranjeros y no conocía muy bien el tema.

3. Odiaba que los símbolos culturales de algunos países se (identificar)

    _____ con estereotipos.

4. No me parecía bien que los gobiernos (reprimir) _____ algunas

    lenguas nativas.

5. Buscaba un libro que (tratar) _____ la antropología.

6. A Alberto no le gustó que (ver, ellos) _____ a todos los

    caribeños como un mismo grupo. Todos los países tienen su propia identidad.

7. Compré ese libro para que mis abuelos (entender) _____ que la

    historia cambió por muchas razones.

8. Un grupo de indígenas negó que el gobierno (estar) _____ ayudando

    a conservar su cultura y tradiciones.

9. Un chef muy popular dijo: "Me gustaría que los ciudadanos (conocer)

    _____ el valor cultural que tiene la gastronomía de los países".

10. Cuando era niño no me permitían que (hablar) _____ mi lengua

    nativa. Por eso, nunca aprendí a escribirla.

11. No era necesario que (enojarse, tú) _____ simplemente porque no

    estábamos de acuerdo con tus ideas sobre identidad.

12. El periódico local organizó un concurso de fotografía sobre identidad cultural. Mi novio

    nunca pensó que su foto (ganar) _____. ¡Qué sorpresa!... Le

    dieron un premio de $1.000.

13. A la asociación de indígenas le molestó que el concurso de fotos (ser)

    _____ organizado por una asociación subvencionada por el

    gobierno.

Actividad 4 Cambia al pasado estas oraciones. ¡OJO! En todas las oraciones, puedes usar el imperfecto en la cláusula principal.

Ejemplo: Quiero que hables sobre tu país. → *Quería que hablaras sobre tu país.*

1. No creo que un país tenga un solo símbolo de identidad cultural.

   _____

2. Es una lástima que algunos gobiernos no respeten a las minorías.

   _____

3. Necesito una persona que me dé información sobre Nicaragua.

   _____

4. Quiero que mi familia celebre ese día festivo para que mis hijos aprendan algo sobre sus raíces.

   _____

5. No creo que gane el concurso de fotografía sobre identidad cultural.

   _____

6. En una exposición universal necesitan que cada país lleve un objeto que lo represente.

   _____

7. Al presidente le molesta que otros países tengan los mismos símbolos que los suyos.

   _____

8. Es posible que tome un curso de antropología en el verano.

   _____

9. Espero que mis nietos sepan de la historia de mi país.

   _____

Actividad 5 Después de leer los siguientes comentarios sobre países latinoamericanos y sus símbolos de identidad cultural vas a poder conectar varios símbolos con sus países. Lee y complétalos con la forma correcta del verbo (¡indicativo o subjuntivo!) y después haz las conexiones.

1. Teresa negó que el símbolo de Perú (ser) __fuera__ la escarapela.

2. A Noelia le enojó que María (decir) __dijera__ que la flor de México era la orquídea. ¡Claro que no!

3. Omar le explicó a Juan que el símbolo de Cuba no (ser) __es__ un objeto, sino un lugar.

4. Ana respondió que el símbolo de Guatemala era un pájaro y dijo que la primera letra era "q" para que la clase __pudiera__ (poder) responder. Añadió que era una palabra indígena.

5. John dijo: "Cuando viajé a este país siempre me (dar) ~~diera~~ ~~dio~~ __daban__ hierba mate en el desayuno. Esa bebida es tan amarga".

6. Marisol dijo que el Día de los Muertos buscaba un disfraz [costume] que (tener) ~~tuviera~~ ~~tuvo~~ __tuviera__ dibujos de calacas. Es típico en el país de sus padres.

7. Claudia quería que el café que tomaba por las mañanas (venir) __hiciera~~ ~~viniera~~__ de ese país y de la marca Juan Valdés.

8. Andy buscaba una chica que (saber) ~~supo~~ __supiera__ bailar el reggaetón porque quería ir a una fiesta de puertorriqueños para bailar.

9. Olivia dijo que (querer) __quiso__ probar el pisco porque es una bebida de mucho alcohol que se toma en un país andino que ella visitó el verano pasado. No pudo probarlo porque era demasiado joven.

Argentina México Puerto Rico Guatemala Bolivia Venezuela Perú Colombia Cuba	orquídea calacas hierba mate Juan Valdés escarapela pisco el malecón de la Habana quetzal reggaetón

Actividad 6 Imagínate que estás de viaje por Argentina y has sacado las siguientes fotos. Desde Argentina, escribe una tarjeta postal a un amigo, describiendo lo que hiciste la semana pasada. ¡Incluye pretérito, imperfecto y pasado del subjuntivo!

75c

Argentina

_____

_____

_____

_____

_____

_____

_____

_____

_____

_____

Actividad 7 Los siguientes cinco estudiantes están estudiando en el extranjero. Desafortunadamente, ¡su español no es tan bueno como el tuyo! Ayúdales a corregir sus errores.

Todos disfrutamos mucho de esta excursión. La verdad es que nadie esperaba que la Alhambra era tan impresionante.

Decidimos pasar un fin de semana en Patagonia, Argentina, para que descansáramos y sacáramos fotos.

¡Uf! Mi madre me sugirió que trayera vaqueros en caso de que tuviera la oportunidad de montar a caballo. ¿Por qué nunca le hago caso?

¡Qué lástima! Se me olvidó traer un bikini a Santander. Ojalá que no se me olvidara la próxima vez.

¿Qué es esto? ¡Creía que todas las tortillas contuvieran carne y queso!

Actividad 8 Vas a escuchar unas oraciones sobre un viaje al extranjero. Completa el cuadro marcando si los verbos están en presente o pasado del subjuntivo, y explica por qué tenemos que usar el subjuntivo en este contexto.

	Pasado	Presente	¿Por qué se usa el subjuntivo?
1.			
2.			
3.			
4.			
5.			
6.			
7.			

Actividad 9 Ahora van a hacerse preguntas personales en parejas. Un estudiante será el "Estudiante A" y el otro será el "Estudiante B". Usen el presente o el pasado del subjuntivo, según el contexto. Tomen turnos.

Estudiante A:

1. ¿Qué te gustaba de la escuela cuando tenías 8 años?
2. ¿Qué tradiciones de tu familia te molestaban cuando eras joven?
3. ¿Qué tipo de viaje quieres hacer cuando tengas tiempo libre?
4. Cuando eras adolescente, ¿qué tipo de ropa no querían tus padres que llevaras?

Estudiante B:

1. Cuando eras joven, ¿qué esperabas que pasara el Día de las Brujas?
2. ¿Qué te recomendaron tus padres cuando viniste a la universidad?
3. ¿Qué te molestaba que hicieran tus maestros en la escuela secundaria?
4. ¿Qué cosas te interesan de los países latinoamericanos?

Actividad 1 Toma la siguiente mini-prueba para probar tus conocimientos del pasado del subjuntivo.

1. The past subjunctive is used in the same contexts as present subjunctive. The only difference is that it is used when we are talking about the past. _____ T _____ F

2. To conjugate the past subjunctive, we start with the 3rd person singular form of the preterit. _____ T _____ F

3. The past subjunctive endings are the same for –AR, -ER, and –IR verbs. _____ T _____ F

4. All verbs in the past subjunctive follow the same conjugation rule. There are no irregulars. _____ T _____ F

5. The only form that has a written accent mark is the _____ form.

Actividad 2 Basándote en tu rendimiento en las actividades y la mini-prueba, completa la siguiente auto-evaluación.

	excellent	good	weak
My mastery of past subjunctive conjugation is...			
My understanding of when to use past subjunctive versus present subjunctive is...			
My understanding of when to use subjunctive versus indicative is...			

Entrando en materia: Las artes

Actividad 1 ¿Qué son las artes? Pon una X en las características generales que las definen.

- ☐ expresan ideas
- ☐ expresan emociones
- ☐ son culturalmente idénticas

- ☐ se pueden ver
- ☐ se pueden tocar
- ☐ pueden tener sonido
- ☐ pueden estar escritas

- ☐ son intelectuales
- ☐ varían según la época
- ☐ varían según las personas

Escribe tu definición de lo que son las artes. _____

_____

Actividad 2 Mira los siguientes ejemplos. ¿Cuáles crees que son muestras de arte? ¿Estaría de acuerdo tu mejor amigo/a? ¿Y tus padres? Indica sí o no en la tabla.

diseño de ropa

música rock

artesanía

claqué

comida

tatuajes

¿Es arte, sí o no?	ropa	rock	artesanía	claqué	comida	tatuajes
Creo que es arte.						
Mi amigo estaría de acuerdo.						
Mis padres estarían de acuerdo.						

Elige una de las muestras con la que no estás de acuerdo con tus padres. Explica por qué.

_____

_____

Actividad 3 Una revista les hizo una encuesta a cuatro estudiantes de arte. Lee los comentarios que hicieron y después completa la tabla en tus propias palabras.

Minerva	¿Mi opinión? Bueno, el arte es una parte de la identidad nacional o cultural, lo que define al país, pero realmente es para los que comparten las mismas ideas que la sociedad dominante. Para poder dictar lo que nos gusta, los "cultos" nos han hecho pensar que el "arte" solo se manifiesta en pinturas de museos, música sinfónica u obras de teatro que les gustan. Casi todos pensamos que nuestra identidad es la nacional; por lo tanto, ese arte sofisticado sí tiene un rol importante porque forma nuestro carácter.
Marcos	En esencia, el "arte" como lo entiende la mayoría de la gente se dirige a un público muy limitado. Pero hay otro tipo de arte, uno que sí le llega al pueblo: el arte popular, callejero. Hay arte para todos, pero claramente el popular no tiene la misma influencia social que el arte culto. En general, el arte afecta nuestra identidad, pero es poco. La identidad nacional y cultural se forma de muchas cosas—hechos, historia—además del arte. Pensándolo bien, salvo la propaganda, el arte refleja la identidad; no la crea.
Nicolás	Me parece que el arte no influye mucho en la identidad colectiva de un pueblo hoy en día. Quizás antes, cuando mucha gente no leía, ni había cine o tele, el arte influía más porque era la única manera de aprender del pasado y de uno mismo. Pero hoy hay cosas más relevantes en nuestra vida que construyen nuestra identidad personal. No creo que haya una identidad nacional porque con la mezcla de razas y etnias, es difícil que exista. La identidad personal es la raza de cada uno. Pero, volviendo al arte, como estamos más enterados de lo que ocurre a nuestro alrededor, no necesitamos el arte para saber lo que pasa. Además creo que muchos artistas modernos se preocupan más por escandalizar para vender más cuadros. Su rol, entonces, es agradar y deleitar.
Juani	Para empezar, no me gusta hablar de una sola identidad. Eso está mal. No creo que haya ningún país en el mundo que no se componga de varias etnias. La identidad es un compuesto de valores culturales. Entonces, si hablamos de arte multiétnico, sí, estoy de acuerdo que hay arte en nuestra identidad. Pero en cuanto al rol, más bien el arte representa lo que pasa en la sociedad en que se vive. No influye en las personas. Pero espera, si pienso en el papel del arte en la Edad Media, quizás me equivoque. ¡Ay, qué dolor de cabeza! ¿Por qué me hacen estas preguntas tan difíciles?

	¿Cuál es el rol del arte en la sociedad?	¿Es significativo su rol?	¿Qué es identidad?
Minerva			
Marcos			
Nicolás			
Juani			

Actividad 4 Haz los siguientes ejercicios relacionados con el arte alternativo.

Antes de leer Escribe ejemplos para cada una de las siguientes categorías.

1. medicina alternativa: _la acupuntura, la medicina china_

2. combustible alternativo: _el hidrógeno, la electricidad, el etanol_

3. comida alternativa: _lo orgánico, sin de pesticidas, ecológico_

4. moneda (*currency*) alternativa: _Bitcoin, Dogecoin, Amazon coins._

Y el arte alternativo, ¿cuáles son unos ejemplos? _el arte abstracto que está en el museo._

Lectura Lee el siguiente editorial en el que un periodista habla sobre el arte alternativo.

Hasta hace poco me molestaba que se hablara de arte "alternativo" porque parecía se le quitaba valor, o sea, que esa etiqueta sugería que no era arte "de verdad". Pero luego me di cuenta que sí es un buen término: las personas que hacen arte alternativo no están conformes con las obras de museos porque estas, con frecuencia, reflejan las preferencias de unos esnobs que controlan lo que pensamos que es arte. De hecho, el arte alternativo no se encuentra en los museos sino en muros, paredes, trenes abandonados y muchos sitios poco sofisticados. Como están al aire libre se les suele llamar arte callejero.

Claro está, el graffiti es lo que primero viene a la mente cuando se habla del arte callejero. En el pasado, se menospreció el graffiti al asociarlo con gangas de mala reputación. Pero la realidad es que el graffiti es mucho más; es un verdadero arte. Ya sea en sus formas de tres dimensiones, de alumbrado o de spray, el graffiti está al frente del diseño callejero. Los artistas emplean técnicas innovadoras, materiales creativos y estrategias inusuales para expresarse. Casi siempre, por no decir que siempre, estos "cuadros" contienen un fuerte mensaje social de reproche o de identidad, lo que les acerca a los grandes muralistas mexicanos y sus seguidores chicanos.

Hay muchos tipos más de arte alternativo. Hace poco tiempo un artista colocó unas "bolsas" de plástico en las rejillas (*grates*) que ventilan el aire del metro. Al pasar el metro, el aire que salía por las rejillas hacía que se inflaran las bolsas y aparecieran diferentes figuras, desde animales a personas. Los peatones se llevaban una gran sorpresa al ver un oso o un bisonte aparecer delante de sus ojos, pero cuando se desinflaba la figura se sentían tristes—hasta que pasaba otro tren y de nuevo se inflaba. Otro tipo de arte alternativo es el "ecoarte". Los artistas toman artículos desechados y los convierten en verdaderas obras de arte que no solo son decorativas sino prácticas. Para estos ecoartistas, no es suficiente crear una obra de arte por el arte, sino que debe ser útil; de no ser así, no sienten que cumplan con su propósito de reciclar.

Pero, en todo este tema hay algo que me preocupa. Si los "entendidos" del arte deciden que un tipo de arte alternativo merece estar en un museo, ¿perderá su identidad alternativa?

Después de leer   Ahora vas a resumir el contenido del editorial, párrafo por párrafo.
Sigue los pasos a continuación.

1. Summarize (in English) the content of the first paragraph.

It tells us that alternative art.
talks about roles, argues that art snobs
alternative does not conform to art. art snobs
art snobs contemporary. appears in museums

2. Summarize (in English) the content of the second paragraph.

graffiti is popular in the streets, artists
use innovative techniques, creative materials and
strategies to express their personality.
depicts strong social messages often diverse.

3. Summarize (in English) the content of the third paragraph..

There are different forms of alternative art. There are different
figures, animals and people include bugs.
Artists take care from green to art
Eco artist for the el medio ambiente

4. Ahora, en español, resume el editorial entero en 4-5 oraciones.

El arte alternativa no es en el el museo.
graffiti es muy popular en los calles
es muy importante creativo, innovadors y buena,
Hay muchos tipos de artes alternativas.
Hay bolsas con animales, personas, y figuras,

5. Finalmente, busca algunos ejemplos del texto de los siguientes tiempos verbales:

- presente del indicativo = está, se habla, hace, enuncia
- presente del subjuntivo = sea, compran
- pretérito = menosprecio
- imperfecto = llevaban, hacía, ella, sueña, sentían
- pasado del subjuntivo = se hablara, infla, apreciaran
- futuro = inflar, perderá, hablará

Actividad 5 Lee las opiniones de varias personas sobre el arte alternativo. Después, escribe una descripción de sus personalidades y pespectivas sobre el arte.

Desde niña he ido al Museo del Prado cada domingo. Lo que hay allí sí que es arte.

Llevo años como crítico de arte. Ningún libro me puede convencer que si algo no está en un museo, no es arte.

¿El arte? Está en todas partes: en la naturaleza, en un objeto...en todo.

Mira, no toques el tema del arte si no eres artista. Solo nosotros sabemos lo que es; solo nosotros lo sentimos. ¿Me entiendes? Hay que ser artista para hablar del arte. ¿Vale?

Actividad 6 Vas a escuchar información biográfica de tres artistas famosos. Mientras escuchas, rellena los recuadros con los datos indicados.

Nombre: **PABLO PICASSO**

Nacionalidad: _____

Nació: _____ Falleció: _____

Estilo artístico por el cual más se conoce: _____

Características de ese estilo: _____

_____

_____

Obras en EEUU: _____

Nombre: **JOSÉ CLEMENTE OROZCO**

Nacionalidad: _____

Nació: _____ Falleció: _____

Estilo artístico por el cual más se conoce: _____

Características de ese estilo: _____

_____

_____

Obras en EEUU: _____

Nombre: **SALVADOR DALÍ**

Nacionalidad: _____

Nació: _____ Falleció: _____

Estilo artístico por el cual más se conoce: _____

Características de ese estilo: _____

_____

_____

Obras en EEUU: _____

Actividad 7 Ahora, en grupos, discutan estos tres artístas, enfocándose en lo siguiente:

- el artista más famoso de los tres y la razón por qué (en su opinión)
- las otras obras de estos artistas que conocen
- las características de su arte que les gustan y no les gustan

Actividad 8 Vas a ver un video de una entrevista con un/a artista hispano/a famoso/a. Mientras ves el video, apunta algunas de las preguntas y respuestas que escuchas. Después, imagínate que eres periodista y escribe un artículo breve resumiendo lo que pasó y lo que dijeron en la entrevista.

PREGUNTAS	RESPUESTAS

_____

_____

_____

_____

_____

_____

_____

_____

_____

_____

¡Gramaticando! Las hipótesis

Paso 1: Descubriendo la gramática...

Actividad 1 Luisa y Manuel leen un folleto para una subasta de arte. Manuel siempre le "pone peros a todo" (*always finds obstacles*). Lee la conversación, fíjate en los verbos subrayados y después completa la tabla.

Gran subasta a beneficio de la Cruz Roja.
26 de octubre a las cinco de la tarde. ¡No falte!
Las siguientes son solo algunas de las reproducciones de cuadros de grandes maestros desde el gótico hasta el cubismo que estarán en el catálogo.

Todas las reproducciones proceden del taller de D. Vicente Foix y son numeradas.

Luisa:	Mira, Manuel. ¿Has visto este folleto de la subasta? Pienso ir. ¿Quieren ir tú y tu primo?
Manuel:	Bueno, iríamos, pero tenemos que cuidar los gatos del vecino. Pero a lo mejor vamos.
Luisa:	Ojalá vayan… ¡Cómo me encanta lo gótico! Si puedo, compraré algún icono. ¿Y tú?
Manuel:	Pues yo me compraría algún cuadro, pero no puedo; no tengo dinero.
Luisa:	Oye, Manuel, ¿llevas tu laptop? Quiero buscar los precios en Internet. Ojalá que no sean caros.
Manuel:	Uf, lo siento. Lo olvidé en casa de mi novia. Si lo llevara, te lo prestaría.
Luisa:	¿En casa de tu novia? No me vengas con cuentos. No tienes novia.
Manuel:	Pues la tendría si quisiera, pero no tengo ganas de tener novia, me oyes.
Luisa:	¡Manuel, hijo! Eres insoportable. No haces más que ponerle *peros* a todo. Con razón que no tienes novia. Nadie te aguantaría. Solo yo, que soy una mártir.

Busca equivalentes en español en el diálogo de Manuel y Luisa.

1. *I would buy*   compraría
2. *I would have*   tendría
3. *we would go*   iríamos
4. *no one would stand you*   te lo prestaría nadie el aguantaría
5. *I would lend it to you*   te lo prestaría

Esta nueva forma verbal se llama el *condicional*. Completa la siguiente tabla, fijándote en las raíces y las terminaciones.

	ir	comprar	comer	tener	poder
yo	iría	compraría	compraría	comería	tendría	podría
tú	irías	comprarías	comprarás	comerás	tendrías	podrías
él, ella, usted	iría	compraría	compría	comería	tendría	podría
nosotros	iríamos	compraríamos	comeríamos	tendríamos	podríamos
ellos, ellas, Uds.	irían	comprarían	comerían	tendrían	podrían

¿A qué tiempo verbal que ya conoces se parecen las terminaciones?

a) al presente   b) al pretérito   (c) al imperfecto   d) al futuro

¿A qué tiempo verbal que ya conoces se parecen las raíces del verbo (*podr-, tendr-, etc.*)?

a) al presente   b) al pretérito   c) al imperfecto   (d) al futuro

🐚 MI REGLA 🐚

¿Cómo se conjuga el condicional?
¿Con qué forma del verbo tenemos que comenzar? ___infinitive___

¿Cuáles son las terminaciones de todos los verbos?

yo	ía	nosotros	íamos
tú	ías	(vosotros)	íais
él / ella / usted	ía	ellos / ellas / ustedes	ían

Actividad 3 Completa este cuestionario con tus propias respuestas y luego hazle las preguntas a un/a compañero/a.

Preguntas:		yo		mi amigo/a	
¿Lo harías, sí o no?		Sí	No	Sí	No
Si te dijeran que el arte callejero no es arte, ¿estarías de acuerdo?		✓	✓	✓	✓
Si te obligaran a destruir una obra de arte, ¿lo harías?			✓	✓	
¿Te molestaría si alguien te dijera que eras un esnob?			✓	✓	
Si vieras a alguien pintando graffiti, ¿llamarías a la policía?		✓		✓	
¿Gastarías diez mil dólares en un cuadro si los tuvieras?		✓		✓	

Hemos visto que el arte es algo muy subjetivo porque cada persona tiene sus propios gustos. Mira la siguiente caricatura. Luego decide quién diría cada frase: Oogy, el maestro o un compañero de clase.

Si fuera un poco listo, pintaría lo que pide el profe. (Lo dice: _Compañero_)

Sería un artista famoso si viviera en el Renacimiento. (Lo dice: _maestro_)

El director me despediría si le diera una buena nota. (Lo dice: _maestro_)

Oogy flunks his cave drawing final—

© www.CartoonStock.com

Si me hiciera caso, le pondría una A. ¡Qué testarudo! (Lo dice: _Compañero_)

Qué feliz sería si me entendieran. (Lo dice: _maestro_)

¿Si mi padre le trajera un mamut para la cena, me daría una A+? (Lo dice: _compañero_)

condicional   🔊 **MI REGLA** 🔊   _subjuntive_

¿Qué tiempos verbales se usan para expresar hipótesis?

Si + _pasado del subjuntivo, el condicional_ .

Ejemplo: _Si pudiera viajar esta primavera visitaría_

cláusula subordinada + si + _cláusula principal_

o

Ejemplo: _visitaría   Si pudiera viajar_

Paso 2: Practicando la gramática...

Actividad 1 En las siguientes filas hay un verbo que ni es condicional ni pasado del subjuntivo. Identifícalo y en el espacio, escribe su tiempo y modo.

dibujara	pintara	pareciera	expresaba	*imperfecto indicativo*
hacías	pondrías	elegirías	sabrías	_____
vieran	trajeron	supieran	bailaran	_____
figuráramos	dijéramos	hablábamos	quisiéramos	_____
llamara	tratara	estudiará	peleara	_____

Actividad 2 Conecta las frases para explicar lo que harías en las siguientes situaciones.

Si pudiera elegir la carrera,
Si recibiera un millón de dólares,
Si no quisiera ir a los conciertos,
Si alguien me invitara,
Si pintara algo,
Si fuera invisible,

me dedicaría a bailar el tango.
sería un/a artista callejero/a.
saldría a cenar con mis amigos.
compondría una sinfonía.
haría lo que quisiera.
me echaría a reír.
me escaparía.
diría una mentira.

Actividad 3 Completa las siguientes situaciones hipotéticas sobre el presente.

1. Si mi hermana y yo (decidir) _____ estudiar arte en la universidad, nuestros padres (ponerse) _____ furiosos.

2. (Poder) _____ pasarme el día entero en una galería si (tener) _____ el tiempo.

3. Si ellos (ser) _____ menos arrogantes, (entender) _____ que el claqué es tan artístico como el ballet.

4. Se (considerar) _____ el diseño de ropa como un arte si (haber) _____ más trajes en los museos.

5. Si tú (saber) _____ lo creativos que son los grandes chefs, (aceptar) _____ la culinaria como un arte.

Actividad 4 Ahora escribe una o dos oraciones sobre lo que harías si fueras estos artistas.

1. *Si fuera Shakira,* _____

_____

2. *Si fuera Marilyn Manson,* _____

_____

3. *Si fuera George López,* _____

_____

4. *Si fuera Lady Gaga,* _____

_____

5. *Si fuera Stephen Spielberg,* _____

_____

Actividad 5 Completa estas oraciones con tus propias ideas. ¡OJO! A veces tendrás que usar el condicional y a veces tendrás que usar el pasado del subjuntivo.

1. Si pudiera ir al Louvre, _____

_____

2. Eminem perdería todos sus seguidores si _____

_____

3. Vería más películas extranjeras si _____

_____

4. Si tuviera mucha destreza artística, _____

_____

5. Mariah Carey sería más popular hoy en día si _____

_____

6. Si me interesara más la moda, _____

_____

Actividad 6 Para cada cuadro, escribe al menos 3 oraciones explicando lo que cambiarías si fueras el pintor y por qué. No te olvides de usar una combinación de condicional y pasado del subjuntivo.

1. si / estaría / actriz / ganara / contenta / Óscar / un / esa / extremadamente

    _____

    _____

2. apareciera / en / otro / si / la obra / museo / tendría / tanto / probablemente
    / no / éxito

    _____

    _____

3. película / esa / gustaría / me / el personaje / muriera / principal / al / no /
    final / si

    _____

    _____

4. ¿? / cómo / pudieran / sería / en / el arte / si / nuestra / expresarse / sociedad /
    los / libremente / no / artistas

    _____

    _____

5. famosa / si / tan / cantante / no / esa / fuera / bonita / sería / no

    _____

    _____

6. mi / si / muy / mamá / se enterara / deprimida / de / que / su / era / cuadro
    / verdadero / estaría / no

    _____

    _____

7. los directores / dinero / las películas / dirigirían / acción / si / ganaran / tanto /
    documentales / como / de

    _____

    _____

Actividad 8 El pobre troglodita de la caricatura está muy enfadado. Primero escribe dos o tres oraciones sobre lo que crees que haría si supiera quíén pintó el "graffiti". Luego, escribe dos o tres oraciones sobre lo que haría un arqueólogo del siglo XXI si supiera quién lo pintó.

j. di Chiarro

"Damn kids and their graffiti."

© www.CartoonStock.com

Lo que haría el troglodita: _____

_____

_____

_____

Lo que haría el arqueólogo: _____

_____

_____

_____

Actividad 9 Ahora vas a escuchar 10 oraciones sobre la importancia del arte en la sociedad. Indica la función de cada una.

	1	2	3	4	5	6	7	8	9	10
comparación										
descripción en el presente										
recomendación en el presente										
reacción en el presente										
narración en el pasado										
recomendación en el pasado										
reacción en el pasado										
futuro										
hipótesis										

Actividad 10   Con un/a compañero/a, hablen sobre cómo serían sus vidas y qué harían si fueran estas personas.

#1

#2

#3

#4

Actividad 11   Escribe una lista de 5 preguntas personales para un/a compañero/a de clase. Las preguntas deben contener hipótesis y vocabulario del capítulo 4. Después, hazle tus preguntas a un/a compañero/a de clase. Tomen turnos.

Ejemplo: ¿Qué harías si heredaras cien mil dólares?

1. _____

2. _____

3. _____

4. _____

5. _____

Paso 3: Reflexionando sobre la gramática...

Actividad 1   Toma la siguiente mini-prueba para probar tus conocimientos del condicional y las hipótesis.

---

1. The conditional is used to talk about events that would occur given the occurrence of another event. _____ T _____ F

2. To conjugate the conditional, I start with the complete infinitive and add the appropriate conditional tense endings. _____ T _____ F

3. The verb endings for the conditional are the same as the "-ar" verbs in the imperfect _____ T _____ F

4. The conditional and future tenses have the same irregular stems. _____ T _____ F

5. To express hypothesis, I use *si* + the conditional in the subordinate clause. _____ T _____ F

6. To express hypothesis, I use the present subjunctive. _____ T _____ F

7. The following sentence is grammatically correct. _____ T _____ F

Supiera lo que necesito hacer si alguien me lo dijera.

Actividad 2   Basándote en tu rendimiento en las actividades y la mini-prueba, completa la siguiente auto-evaluación.

	excellent	good	weak
My mastery of conditional conjugation is...			
My mastery of past subjunctive conjugation is...			
My understanding of hypothetical sentences (their meaning & structure) is...			

Auto-prueba

Actividad 1 Llena los espacios con la mejor opción del banco de palabras. ¡Cuidado con la concordancia de los verbos, sustantivos y adjetivos!

odio	pariente	darse cuenta	lidiar
testarudo	subasta	compartir	callejero
antepasados	comportamiento	aparecer	auténtico
diseñar	creencia	brecha	negligencia

1. En la reunión familiar de este año había un _____ que no conocía.

2. A veces mi madre está enojada. Dice que tiene que _____ con chicos adolescentes imposibles en su trabajo.

3. Cuando compró el cuadro estaba muy feliz. Luego un experto en arte le dijo que no era _____. Era una copia muy buena, pero nada más.

4. Han descubierto que el _____ de algunos grupos de jóvenes inadaptados es un problema de identidad cultural.

5. En todos los países hay figuras mitológicas. La _____ popular es que estas figuras dan miedo. Como ejemplo está el chupacabras.

6. Nunca _____ de que su hijo se sentía incomprendido.

7. Los padres y los hijos no siempre _____ las mismas ideas.

8. Estuvieron discutiendo de arte durante dos horas. Teresa es muy _____ y no cambia su opinión nunca.

Actividad 2 Indica si las siguientes oraciones son ciertas [C] o falsas [F].

____ C ____ F 1. "Brecha generacional" significa que las personas son de la misma generación.

____ C ____ F 2. La silueta de un toro es el símbolo de Puerto Rico.

____ C ____ F 3. Cuando una persona tiene ideas tradicionales se dice que es conservadora.

____ C ____ F 4. El arte callejero es una forma de arte clásico.

____ C ____ F 5. Los miembros de la Generación Silenciosa son mayores que los de la Generación Z.

Actividad 3   Elige la mejor respuesta para completar cada una de las siguientes oraciones.

1. Cuando mi abuela _____ por primera vez a un baile, llevaba un vestido demasiado corto.

    a. iba   b. ha ido   c. fue   d. fui

2. Mi mamá se enojó conmigo porque yo fui a una discoteca y _____ muy tarde.

    a. regresaba   b. regresara   c. regresé   d. regresaré

3. Me molestó que _____ que la identidad cultural de mi país no era importante.

    a. dijeron   b. dicen   c. dirían   d. dijeran

4. Fui al Museo de Arte Moderno porque _____ ver la nueva exposición.

    a. quiso   b. quería   c. querría   d. quiera

5. Mi amigo buscaba una foto que _____ una reproducción de los relojes blandos de Dalí.

    a. tuvo   b. tendría   c. tuviera   d. tendrá

6. ¿Qué _____ si vieras a unos chicos pintando un graffiti en el muro de tu casa?

    a. hicieras   b. harías   c. harás   d. hacías

7. Yo _____ una casa si supiera que en ella había vivido un artista famoso.

    a. compraré   b. compré   c. compraba   d. compraría

8. Decidimos regresar a la República Dominicana para _____ la Navidad con nuestros parientes.

    a. pasamos   b. pasar   c. pasaremos   d. pasáramos

Actividad 4   Hay un error en cada uno de los párrafos. De las tres opciones, selecciona la palabra que contiene un error y escribe la forma correcta en el espacio indicado.

1. Cuando **era** niña, una vez mi madre me **llevó** a un museo y yo **estuve** tan aburrida que empecé a llorar y algunos visitantes se enojaron con mi madre.

    palabra incorrecta: _____   palabra corregida: _____

2. Cuando estudié antropología un profesor nos dijo que, para que un país moderno no **tenga** problemas de convivencia, los gobernantes deben considerar la identidad cultural de sus inmigrantes. Otros estudiosos no creían que esta teoría **fuera** consistente. Yo quería que el profesor nos **dio** ejemplos.

    palabra incorrecta: _____   palabra corregida: _____

3. Si todas las obras de arte alternativo que se denominan así **estarían** en los museos, ¿**podríamos** llamarlas alternativas? ¿Qué **pensaría** Dalí si viviera?

    palabra incorrecta: _____   palabra corregida: _____

Actividad 1 Haz las siguientes actividades relacionadas con las generaciones.

Pre-lectura Contesta las siguientes preguntas antes de leer el artículo.

Escribe una lista de palabras que asocias con la Generación X.

_____   _____   _____

_____   _____   _____

Escribe una lista de palabras que asocias con las Generaciones Y y Z.

_____   _____   _____

_____   _____   _____

¿A qué generación perteneces? Escribe una descripción de tu generación.

_____

Lectura Lee el siguiente artículo y haz las actividades correspondientes.

¿Quiénes son los jóvenes de hoy, la llamada "Generación del Milenio"? ¿Cuáles son los gustos, tendencias e ilusiones de esta nueva generación? ¿Cómo les han afectado los acontecimientos tan marcados que han vivido: crisis económicas permanentes, sujeción a la tecnología, globalización, enfermedades virulentas como el SIDA? ¿Qué les espera? Y ¿cómo es la generación que la precedió, la "Generación X"?

1. ¿Qué ejemplos de presente perfecto se ven en este párrafo introductorio?

_____

2. Mira la pregunta "¿Qué les espera?" ¿Cómo la traducirías?
   a) What are they waiting for?
   b) What are they hoping for?
   c) What awaits them?
   d) What is expected of them?

Si bien a las generaciones anteriores ("la Generación Grandiosa", "la Generación Silenciosa", los "Baby Boomers", "la Generación X" y "la Generación Y"), las definían los años de nacimiento de sus integrantes, a la Generación del Milenio la define el mercadeo, no la fecha de nacimiento: entre 1982 y 2002. A las personas que componen esta generación los caracterizan su conocimiento de la tecnología, su alto grado de escolarización, su actitud frente al sexo y la violencia, su fuerte poder de compra y su gusto por la música alegre y movida.

---

3. Según este párrafo, la característica más importante de la Generación del Milenio es la edad de sus integrantes.

_____ C _____ F

4. Resume la última oración de este párrafo en tus propias palabras (¡en español!) _____

_____

_____

_____

La generación que la precedió, la Generación X, representada por el cantante Kurt Cobain, todavía supone una <u>incógnita</u>. Los mismos jóvenes que <u>la</u> componían la veían como una generación loca y colérica. Se sentían deprimidos, tristes, solitarios. No encontraban el camino a seguir, y quienes los rodeaban no sabían qué hacer con ellos. Su futuro era una <u>incógnita</u>, una X. La imagen que los definía era la de un joven tumbado en un sofá con el mando de la tele en una mano y una cerveza en la otra. Pero esa imagen ha cambiado. Hoy en día muchos de aquellos jóvenes han madurado y ya no se relacionan con la apatía que los caracterizaba, la cual quizás era el resultado de los duros retos que enfrentaban: el no ser parte de la familia idílica con dos padres, el no encontrar a su madre esperándoles con la merienda cuando llegaban a casa después de la escuela, el no tener ni una mascota ni una casa rodeada de un jardín lleno de flores y una vallita blanca recién pintada. Muy al contrario, desde muy pequeños la Generación X se vio envuelta en un mundo decadente, atemorizada por avisos que les advertían del daño de los rayos ultravioletas, de la pronta extinción de la naturaleza, de las malas intenciones de cualquier desconocido o incluso del propio vecino, de los riesgos del sexo—todo parecía rezumar peligro, alarma. A esto se le añadió otra amenaza, el de una guerra mundial que aniquilaría cualquier tipo de vida. No quedaba ningún lugar seguro: ni el mundo, ni la escuela, ni la vecindad, ni la casa. La muerte y el peligro estaban por todos lados.

---

5. Según el contexto, ¿qué significa la palabra "incógnita"? (Aparece 2 veces.)
    a) algo difícil
    b) algo inexplicable
    c) algo controvertido
    d) algo nuevo

---

6. ¿A qué se refiere el pronombre "la" en la segunda oración del párrafo? _____

7. En este párrafo, hay muchos verbos en el imperfecto. Haz una lista de 4 de ellos y explica por qué se usa el imperfecto en estos casos.

- verbos: _____

- explicación: _____

8. Según este párrafo, muchos de los problemas de la Generación X se pueden atribuir a...
    a) su apatía hacia el mundo.
    b) el alcohol y la pereza.
    c) problemas familiares y sociales.
    d) "modelos" tales como Kurt Cobain.

9. Resume las últimas 3 oraciones del párrafo en tus propias palabras (en inglés).

_____

_____

_____

Por si no fuera suficiente, la Generación X vino a crecer en la década de los ochenta, una época de codicia y ambición. Para poder tener un coche mejor y más lujoso, una casa más impresionante y una ropa de marca, los padres tenían que trabajar más y más y olvidar más y más a los hijos. Sin padres en casa para darles tranquilidad frente a los miedos y angustias o para apoyarlos en las tareas académicas, el rendimiento escolar de la generación bajó mucho, y con ello, sus sueños se fueron limitando.

10. Según el contexto, ¿qué significa la expresión "Por si no fuera suficiente"?
    a) As if this weren't enough
    b) But since they didn't have enough
    c) Because they didn't have enough
    d) If there wasn't enough

11. Traduce al inglés la segunda oración de este párrafo. _____

_____

_____

_____

12. ¿A qué o a quién(es) se refiere el pronombre "les"? _____

Aunque la Generación del Milenio también se enfrenta a un mundo en crisis, al menos muchos de los problemas que aparecieron cuando crecían los integrantes de la Generación X no han tomado al mundo por sorpresa, sino que ya <u>se</u> les está buscando solución. No obstante, ¿realmente <u>se</u> puede decir que ha mejorado el mundo en el que va a vivir la Generación del Milenio? ¿<u>Se</u> puede saber hacia dónde caminan estos jóvenes que pronto serán participantes activos de la vida? A pesar de que la Generación del Milenio todavía está en proceso de construcción, ya <u>se</u> puede predecir que será la más numerosa, la más rica, la mejor instruida y la más étnicamente diversa de todas las generaciones que se han conocido. Dentro de veinte años ya <u>se</u> podrá hablar de los gustos, las inquietudes y las aspiraciones de esta nueva generación, pero por ahora solo se puede especular.

13. El pronombre "se" aparece varias veces en este párrafo. ¿De qué tipo de "se" se trata?
   a) un pronombre de complemento indirecto
   b) un "se" reflexivo
   c) un "se" recíproco
   d) un "se" pasivo / impersonal

14. Varios verbos en este párrafo se refieren al futuro. Subráyalos en el texto.

15. En tus propias palabras, explica la idea central de este párrafo.

_____

_____

Después de leer Completa las siguientes oraciones basándote en lo que leíste.

1. Los jóvenes de la Generación X temían que _____

_____

2. Si yo formara parte de la Generación X, _____

_____

3. ¿Qué opinas del futuro de la Generación del Milenio?

   • Creo que _____

   • No creo que _____

4. Ahora, ponle un título apropiado y creativo al artículo.

_____

Actividad 2 Lee las siguientes sinopsis de tres películas y una novela en español y subraya todos los verbos.

La historia oficial

Alicia Marnet de Ibáñez es la madre de una pequeña adoptada, Gaby. Va conociendo noticias acerca de las prácticas del régimen anterior sobre adopciones de hijos de personas "desaparecidas", y empieza a sospechar que su hijita puede ser uno de esos casos. Desde ese momento, empieza una búsqueda angustiada de información que le pueda ayudar a descubrir la verdad sobre su hija.

EL ORFANATO

Laura y su familia regresan al orfanato de su juventud con la intención de renovarlo y abrir una residencia para niños con Síndrome de Down. El hijo adoptivo de Laura (Simón) comienza a dejarse llevar por unos extraños juegos. Una serie de eventos preocupantes y la desaparición de Simón obligan a Laura a buscar pistas en el pasado del edificio para tratar de explicar todo lo que ocurre.

Hija de la fortuna

Eliza Sommers es una joven chilena en 1849. Su amante se va para California en busca de oro y ella, quien está embarazada, decide seguirlo. El viaje infernal y la búsqueda de su amante en una nueva tierra caótica transforman a la joven. Eliza recibe ayuda de su amigo Tao Chi'en, un médico chino, quien la conduce de la mano en un viaje inolvidable.

Diarios de motocicleta

Ernesto Guevara y su amigo Alberto Granado dejan Buenos Aires para hacer un viaje por Sudamérica. Durante el viaje, Guevara y Granado ven la pobreza extrema de los campesinos indígenas de América Latina. Sus experiencias con la injusticia social cambian la forma en la que Guevara ve el mundo e influyen más tarde en sus actividades revolucionarias.

1. ¿Qué tiempo verbal se usa en estos textos? _____

2. ¿Por qué crees que se usa este tiempo en vez del pasado?_____

_____

3. ¿Usamos el mismo tiempo verbal en inglés cuando resumimos la trama de una película,

programa de televisión o libro? _____ sí _____ no

El lenguaje vivo: Variación lingüística

Como ya sabrán, todos los idiomas del mundo varían según la edad de los hablantes, el contexto sociolingüístico y la región en la que viven.

VARIACIÓN TEMPORAL

Es posible que un adolescente diga "that's the bomb", mientras que sus antepasados decían "that's totally rad" o "that's so groovy".

VARIACIÓN CONTEXTUAL

En una presentación en la universidad, un estudiante diría: "There is no doubt that the economic situation in the U.S. is troublesome". Sin embargo, en una charla con un amigo diría "Uggghh! This totally stinks. Everyone I know has, like , NO money right now".

VARIACIÓN DIALECTAL

En Inglaterra, la gente dice "I shall go tomorrow", "My brother is in hospital", "I need to buy petrol", y "I learnt a lot", pero en EEUU, se dice "I will go tomorrow", "My brother is in the hospital", "I need to buy gas", and "I learned a lot".

En esta sección, nos vamos a enfocar en este último tipo de variación, la variación dialectal; es decir, las diferencias entre el habla de personas de diferentes lugares.

Actividad 1 Lee la siguiente entrevista con un grupo musical famoso y contesta las preguntas a continuación.

Entrevistador:	Bienvenidos al programa "Cuando los elefantes sueñan con la música". Contadme qué habéis hecho en el último año. No hemos sabido nada de vosotros.
Manu:	Eva y yo hemos estado grabando un disco juntos.
Juan:	Yo decidí viajar a EEUU y trabajar con algunos músicos allí. En breve saldrá un disco de rap que hemos grabado. Si decidís algún día hacer música fusión, EEUU es el lugar ideal.
Entrevistador:	Muy bien. ¿Qué experiencia del último año podéis nombrar como enriquecedora?
Eva:	Yo, sin duda, el hecho de grabar en Londres. ¿Qué pensáis vosotros?
Juan:	Bueno yo no viví la experiencia de Londres, pero conocer y aprender de músicos estadounidenses ha sido muy enriquecedor para las dos partes. Hicimos una fusión de flamenco - rap novedosa.
Entrevistador:	¿Qué os dijo vuestro *manager* y maestro sobre la decisión de trabajar en otros países por un año?
Juan:	A Alfonso siempre le parece bien que exploremos otros mundos. Recuerdo que el último día nos dijo: "Viajad, vivid y aprended". Alfonso siempre nos anima.
Entrevistador:	Bueno, queridos oyentes. Vais a escuchar en primicia los nuevos discos de Juan, Eva y Manu.

¿Qué significa "vosotros"? _____

¿En qué país se usa? _____

¿Cuál es el pronombre correspondiente? O.D./O.I./Refl. _____ ¿posesivo? _____

Basándote en los ejemplos en el texto, ¿cuáles crees que serán las formas (en presente de indicativo) de los siguientes verbos?

      hablar _____ comer _____ vivir _____

¿Cuáles serán las formas de los mandatos?

      hablar _____ comer _____ vivir _____

Actividad 2   Lee la siguiente entrevista con un director argentino y contesta las preguntas a continuación.

Entrevistador:	Bienvenido a nuestro programa "Hecho de cine". Decime, Héctor ¿Cómo ves vos el panorama cinematográfico argentino?
Héctor:	Me parece que estamos haciendo películas muy válidas, a pesar de la eterna crisis que vivimos en nuestro país.
Entrevistador:	¿Vos te acordás de la última vez que una película argentina concursó en los Óscar? ¿Creés que para que se reconozca el cine de un país necesita entrar en los círculos hollywoodenses?
Héctor:	Respecto a la primera pregunta, recuerdo que ganamos un Óscar con la "Historia oficial", ¿no es así? Por lo tanto, no creo necesario que estemos en esos círculos para que reconozcan nuestro cine. Hay películas magníficas que se están vendiendo en Europa y tienen mucho éxito.
Entrevistador:	¿Qué proyectos tenés a corto plazo? Contá.
Héctor:	Voy a rodar una película sobre inmigrantes italianos en Buenos Aires. Estará llena de tango. Me hace muy feliz poder estar unos meses residiendo en Buenos Aires. Llevo demasiado tiempo fuera del país.
Entrevistador:	¿Vos elegís a los actores con los que querés rodar?
Héctor:	No siempre. Me gustaría, pero a veces los que yo quiero están ocupados.
Entrevistador:	¿Sos muy exigente en los rodajes?
Héctor:	¿Me lo preguntás en serio? ¿Hubo alguna queja de actores? Ja ja. Claro que soy exigente. Las películas son mis hijos.
Entrevistador:	Héctor, muchas gracias por compartir con nosotros tus experiencias.

¿Qué significa "vos"? _____

¿En qué país(es) se usa? _____

¿Cuál es el pronombre correspondiente? O.D./O.I./Refl. _____ ¿posesivo? _____

Basándote en los ejemplos en el texto, ¿cuáles serán las formas (presente de indicativo) de

los siguientes verbos?

      hablar _____ comer _____ vivir _____

¿Cuáles serán las formas de los mandatos?

      hablar _____ comer _____ vivir _____

Actividad 3   Imagínate que hablas el dialecto castellano. Cambia el siguiente diálogo según sea necesario.

Rosa: Chicos, ¿vienen esta noche a una película?

Róber: Yo creo que no. Tengo un examen. ¿Por qué no se lo preguntas a Verónica?

Rosa: Verónica, dime que sí. Me muero de ganas de ver la última de vampiros.

Verónica: No sé. Yo no tengo examen, pero estoy cansada.

Rosa: Bueno, ¿y qué les parece si vamos los tres el sábado?

Róber::   Muy bien, pero nos tienes que invitar a una pizza porque a mí esas películas de vampiros me parecen ridículas.

Rosa: Tú siempre pides mucho. Mira, Verónica no se quejó de la película.

Verónica: Porque me gustan las de vampiros. Pero estoy de acuerdo con lo de la pizza.

Actividad 4   Ahora, imagínate que hablas el dialecto rioplatense. Cambia el diálogo otra vez según sea necesario.

Rosa: Chicos, ¿vienen esta noche a una película?

Róber: Yo creo que no. Tengo un examen. ¿Por qué no se lo preguntas a Verónica?

Rosa: Verónica, dime que sí. Me muero de ganas de ver la última de vampiros.

Verónica: No sé. Yo no tengo examen, pero estoy cansada.

Rosa: Bueno, ¿y qué les parece si vamos los tres el sábado?

Róber: Muy bien, pero nos tienes que invitar a una pizza porque a mí esas películas de vampiros me parecen ridículas.

Rosa: Tú siempre pides mucho. Mira, Verónica no se quejó de la película.

Verónica: Porque me gustan las de vampiros. Pero estoy de acuerdo con lo de la pizza.

Conferencia

Imagínate que te has matriculado en una clase de historia del arte. Hoy es el primer día de clases y el profesor va a hablar de las artes a través del tiempo. Mientras escuchas, toma apuntes. Después, con un compañero, decidan cuáles eran los seis puntos más importantes de la lección y escriban una breve guía de estudio (*study guide*) para estar bien preparados para la primera prueba en esta clase de arte.

Apuntes:

Guía de estudio para la primera prueba

1)

2)

3)

4)

5)

6)

Mejorando el discurso: Formular preguntas

LAS PALABRAS INTERROGATIVAS:

Ya sabes que para formular una pregunta en español se puede usar una palabra interrogativa.

Ejemplo: **¿Dónde** *está el museo?*

También quizás recuerdes que puedes poner las "tag questions" al final de una afirmación para formar una interrogación.

Ejemplo: *Es muy difícil que los mayores nos entiendan,* **¿verdad?**

Actividad 1   Elige la palabra interrogativa del recuadro que completa cada oración.

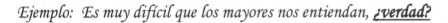

¿cuándo? ¿dónde? ¿adónde? ¿cuánto/a? ¿cuántos/as? ¿qué?
¿cuál/es? ¿por qué? ¿cómo? ¿quién/es? ¿verdad? ¿no?

1. ¿ _____ vas, al museo o a la clase de arte?

2. Dijo que estaba en casa de su abuela, ¿_____?

3. ¿ _____ de las siguientes obras de arte se subastará?

4. ¿ _____ personas asistieron a la reunión familiar?

5. ¿ _____ fueron los artistas que más te influyeron?

LA ESTRUCTURA DE LA ORACIÓN:

Por lo general, para estructurar una pregunta se invierten el sujeto y el verbo. Recuerda que la mayoría de las veces se omite el pronombre sujeto.

Ejemplo: **¿Entienden tus padres** *lo que quieres?*

Actividad 2   Ordena las palabras para hacer oraciones interrogativas.

1. Juan actuó en esa obra de teatro. → ¿ _____?

2. Almodóvar ganó un Óscar. → ¿_____?

3. Te llevas bien con tus padres. → ¿ _____?

LA ENTONACIÓN:

La entonación son las inflexiones en el tono de la voz que pueden cambiar el significado de una oración. En español es muy significativa porque diferencia afirmaciones de preguntas.

Actividad 3 Imagina que vives con un amigo que jamás usa puntuación. Una noche, recibes un SMS que dice: "Tenemos examen mañana". Con el SMS no puedes saber si te pregunta o te informa que tienes un examen. Por suerte, puedes escuchar el recado. En voz alta, lee su recado con la entonación del dibujo y marca si pregunta o afirma.

Tenemos examen mañana   ☐ pregunta   ☐ afirma

Tenemos examen mañana   ☐ pregunta   ☐ afirma

¡OJO!: Si tu compañero hubiera mandado el siguiente mensaje: *Cuándo tenemos examen,* además de saber que era una pregunta por la palabra interrogativa, el recado habría sonado así.

¿Cuándo tenemos examen?

Actividad 4 Tu instructor te va a leer las siguientes oraciones en voz alta. Según la entonación que use, indica si es afirmación o pregunta. Después, añade la puntuación necesaria.

1. Siempre tuvo una vocación artística   ☐ pregunta   ☐ afirma

2. La identidad cultural influyó en su obra   ☐ pregunta   ☐ afirma

3. Recibió buenas críticas   ☐ pregunta   ☐ afirma

4. Piensa retirarse del mundo artístico   ☐ pregunta   ☐ afirma

CONSIDERACIONES CULTURALES:

En la mayoría de los países, cuando uno habla con una persona mayor o un desconocido, usa el habla formal (*usted*). No obstante, hay países como Colombia, donde se usa la forma *usted* incluso con amigos.

Actividad 5 Tomando en cuenta el uso <u>más común</u>, elige "tú" o "usted" para las siguientes situaciones. Luego, piensa en unas preguntas.

tú   usted   1. Quieres preguntar una dirección a un desconocido. Es una persona veinte años mayor que tú.

tú   usted   2. Haces una entrevista sobre su cultura a un joven de tu edad.

tú   usted   3. Vas a una fiesta y, por primera vez, conversas con una persona que tiene unos siete años más que tú.

¡A investigar!

Ve al Internet e investiga a un/a hispano/a famoso/a del mundo del arte y la cultura. Completa la información de tu libreta y añade otra información que consideres importante. Haz un gran esfuerzo porque es posible que uses esta información para tu Tarea Final.

Nombre:

Nacionalidad:

Año de nacimiento: **Edad:**

¿Por qué es o era famoso/a?

Trayectoria profesional / creación artística:

Otros datos:

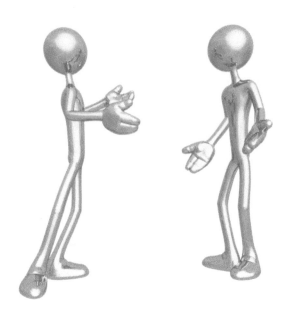

UNA ENTREVISTA

Para su tarea final van a hacer un juego de roles -- en grupos de tres-- para representar una entrevista a un hispano o una hispana del mundo del arte o la cultura. La representación no debe sobrepasar cinco minutos y debe incluir información interesante e importante de la persona a quien elijan.

Preparación

- Vuelvan a su ficha de ¡A investigar! Elijan a una de las personas para su tarea final. Después, usen la información que han recopilado para escribir por lo menos quince preguntas que le pueden formular a esa persona relacionadas con su trayectoria profesional, sus influencias, su biografía o su identidad cultural.

- Mientras escriben su cuestionario, recuerden lo que aprendieron en "Mejorando el discurso" y apliquen las estrategias para formular unas preguntas excelentes.

- Escriban las preguntas y piensen en unas respuestas que suenen naturales o sean originales.

Practicando la entrevista

- Decidan quién tendrá el rol del entrevistado y quiénes serán los entrevistadores.
- Decidan la información que van a presentar y practíquenla cronometrando su tiempo: NO más de cinco minutos.
- Pídanles a algunos amigos que hagan de audiencia para estar seguros que han incluido toda la información necesaria para que la entrevista quede clara.

La representación

- Preparen una tarjeta 3x5 con cinco palabras o frases sueltas que les puedan servir durante su representación.
- Pueden usar materiales auxiliares (fotos, PowerPoint, música, etc.), pero no olviden que lo importante es la entrevista en sí.
- En clase, ¡usen sus dotes teatrales! Su representación debe ser interesante y amena, además de informativa.

El público

- Mientras ven la representación, completarán una actividad.

interrupted actions

Capítulo 4: Grammar at a Glance

Los tiempos pasados

El pretérito The preterit tense in Spanish is generally used to refer to completed actions in the past that occurred once and/or took place within a specific time frame. In a narration, the preterit serves as the **backbone** of the story, being used for a sequence of chronological events and moving the story forward in time.

completed actions

VERBOS REGULARES   To conjugate the preterit, we drop the infinitive ending and add the following:

	yo	tú	él/ella/Ud.	nosotros	vosotros	ellos/ellas/Uds.
-ar verbs	-é	-aste	-ó	-amos	-asteis	-aron
-er/-ir verbs	-í	-iste	-ió	-imos	-isteis	-ieron

VERBOS IRREGULARES   You'll need to memorize twelve very common irregular verbs in the preterit.

ESTAR	TENER	IR / SER	DAR	VENIR	HACER
estuve	tuve	fui	di	vine	hice
estuviste	tuviste	fuiste	diste	viniste	hiciste
estuvo	tuvo	fue	dio	vino	hizo
estuvimos	tuvimos	fuimos	dimos	vinimos	hicimos
estuvisteis	tuvisteis	fuisteis	disteis	vinisteis	hicisteis
estuvieron	tuvieron	fueron	dieron	vinieron	hicieron

PONER	PODER	TRAER	DECIR	SABER	QUERER
puse	pude	traje	dije	supe	quise
pusiste	pudiste	trajiste	dijiste	supiste	quisiste
puso	pudo	trajo	dijo	supo	quiso
pusimos	pudimos	trajimos	dijimos	supimos	quisimos
pusisteis	pudisteis	trajisteis	dijisteis	supisteis	quisisteis
pusieron	pudieron	trajeron	dijeron	supieron	quisieron

VERBOS CON CAMBIOS EN LA RAÍZ   Stem changing rules are different in the preterit! Study the following table to compare present and preterit stem changes.

PRESENT TENSE	PRETERIT TENSE
-ar, -er, -ir verbs	only -ir verbs
stem changes in all but "nosotros" & "vosotros"	stem changes only in 3rd person sg. and pl.
o > ue, e > ie, e > i	o > u, e > i

Present: yo duermo, tú duermes, él duerme, nosotros dormimos, vosotros dormís, ellos duermen
Preterit: yo dormí, tú dormiste, él durmió, nosotros dormimos, vosotros dormisteis, ellos durmieron

VERBOS CON CAMBIOS ORTOGRÁFICOS   Verbs that end in "CAR", "GAR", and "ZAR" have the following spelling change in the "yo" form only:

"C" → "QU"	"G" → "GU"	"Z" → "C"
busqué	pagué	comencé

weather, time, age   *time line*

El imperfecto   The imperfect tense in Spanish is generally used to refer to habitual actions or actions in progress. In a narration, the imperfect serves as the *flesh* of the story, being used to describe conditions or physical and emotional states, and to provide background information.

description, action in progress

VERBOS REGULARES   To conjugate the imperfect, we drop the infinitive ending and add the following endings:

	-AR VERBS	-ER & -IR VERBS
yo	-aba	-ía
tú	-abas	-ías
él / ella / Ud.	-aba	-ía
nosotros	-ábamos	-íamos
vosotos	-abais	-íais
ellos / ellas / Uds.	-aban	-ían

VERBOS IRREGULARES   Luckily, there are only three irregular verbs in the imperfect!

SER	VER	IR
era	veía	iba
eras	veías	ibas
era	veía	iba
éramos	veíamos	íbamos
erais	veíais	ibais
eran	veían	iban

El presente perfecto   The present perfect, sometimes referred to as the "recent past," is used to talk about things that *have occurred*. It is a compound tense, which means it consists of two words used together.

VERBOS REGULARES   The present perfect conjugation is similar to English (and very easy to learn). Conjugate the verb "haber" and then add the past participle.

AUXILIARY VERB ("haber")	PAST PARTICIPLE
he	• drop the "-ar / -er / -ir" from the infinitive
has	
ha	• add "-ado" for "-ar" verbs
hemos	
habéis	• add "-ido" for "-er / -ir" verbs
han	

Hemos pasado mucho tiempo juntos.   *We have spent a lot of time together.*
Mis padres han aprendido a usar un iPod.   *My parents have learned how to use an iPod.*

PARTICIPIOS PASADOS IRREGULARES MÁS COMUNES

abrir > abierto	poner > puesto	ver > visto
cubrir > cubierto	resolver > resuelto	romper > roto
descubrir > descubierto	volver > vuelto	decir > dicho
morir > muerto	escribir > escrito	hacer > hecho

Mi padre ha escrito su autobiografía.   *My father has written his autobiography.*
¿Qué has hecho este verano?   *What have you done this summer?*

El pasado del subjuntivo

Conjugación   To conjugate the past subjunctive, just start with the "ellos" form of the preterit, drop the "-on" and add the following endings:

yo	tú	él/ella/Ud.	nosotros	ellos/ellas/Uds.
-a	-as	-a	-amos **	-an

** There is an accent mark on the "nosotros" form (on the vowel BEFORE the ending).

Below are some examples of verbs conjugated in the past subjunctive:

HABLAR	VIVIR	PODER	TENER
hablara	viviera	pudiera	tuviera
hablaras	vivieras	pudieras	tuvieras
hablara	viviera	pudiera	tuviera
habláramos	viviéramos	pudiéramos	tuviéramos
hablarais	vivierais	pudierais	tuvierais
hablaran	vivieran	pudieran	tuvieran

Usos   This semester, you've learned many uses for subjunctive. All of those apply both in the present and the past, so you don't have to learn any new rules! When you see a subjunctive "trigger," you know you need to use subjunctive. Now all you have to do is decide if you want to refer to the present or the past. Look at the following examples of past subjunctive:

Voluntad:	Mis padres insistieron en que yo **pasara** más tiempo con ellos.
Emoción:	Cuando era niña, me molestaba mucho que mis padres no se **llevaran** bien.
Duda:	No estábamos seguros de que **fuera** buena idea.
Conjunción:	Fuimos a México para que mi abuela **conociera** a mi hijo.
Antecedente inexistente:	No había ningún cuadro en ese museo que me **gustara**.

Las hipótesis

El condicional   The conditional conjugation is very easy! Just like the future tense, start with the complete infinitive. Then add the following endings:

yo	tú	él/ella/Ud.	nosotros	vosotros	ellos/ellas/Uds.
-ía	-ías	-ía	-íamos	-íais	-ían

Don't forget that the conditional has the same irregular stems as the future:

decir > dir-	haber > habr-	hacer > har-	poder > podr-	poner > pondr-
querer > querr-	saber > sabr-	salir > saldr-	tener > tendr-	venir > vendr-

Estructura de las hipótesis   To form hypothetical sentences, you use the conditional in the main clause and the past subjunctive in the subordinate clause (the "if" clause). Just like in English, the subordinate clause can go before or after the main clause.

Si pudiera viajar este verano, visitaría a mis parientes en Argentina.
If I could travel this summer, I would visit my relatives in Argentina.

Visitaría a mis parientes en Argentina si pudiera viajar este verano.
I would visit my relatives in Argentina if I could travel this summer.

Capítulo 4: Vocabulary at a Glance

Brecha generacional

SUSTANTIVOS

la aceptación	acceptance
e/la adolescente	adolescent
el adulto	adult
la amistad	friendship
la brecha	gap
la comprensión	understanding
la comunicación	communication
el conflicto	conflict
la conformidad	conformity
la convivencia	coexistence
la creencia	belief
la edad	age
el entendimiento	understanding
la expectativa	expectation
la falta	lack
la ignorancia	ignorance
la juventud	youth
la modernidad	modernity
la negligencia	neglect
el odio	hatred
el pariente	relative
la perspectiva	perspective
la prioridad	priority
la rebelión	rebellion
la similitud	similarity

VERBOS

compartir	to share
conformarse	to conform
darse cuenta (de)	to realize
discutir	to discuss, argue
entender [ie]	to understand
hacerle caso (a)	to pay attention (to)
lidiar (con)	to struggle, deal (with)
llevarse bien (con)	to get along well (with)
llevarse mal (con)	to get along badly (with)
odiar	to hate
pelearse	to fight
rebelarse	to rebel
regañar	to scold

ADJETIVOS

conservador/a	conservative
estricto/a	strict
generacional	generation(al)
grandioso/a	grandiose
indulgente	lenient
liberal	liberal
opuesto/a	opposite
silencioso/a	silent
testarudo/a	stubborn
tradicional	traditional

Identidad cultural

SUSTANTIVOS

el antepasado	ancestor
la clase social	social class
el comportamiento	behavior
la contracultura	counter-culture
la creencia	belief
la diversidad	diversity
la herencia	heritage, inheritance
el idioma	language
la individualidad	individuality
la lengua	language
la nacionalidad	nationality
el orgullo	pride
las raíces	roots
el ser humano	human being
el símbolo	symbol
la tradición	tradition
los valores	values

VERBOS

heredar	to inherit
representar	to represent
sentirse [ie]	to feel
transmitir	to transmit
unir	to unite

ADJETIVOS

común	common
estereotipado/a	stereotypical
orgulloso/a	proud
patriótico/a	patriotic
popular	popular
unido/a	united, close

Las artes

SUSTANTIVOS

el actor / la actriz	actor, actress
la artesanía	handicrafts
el/la artista	artist
la audiencia	audience
la auto-expresión	self-expression
el cine	film
el claqué	tap dance
el cuadro	painting
la cultura	culture
la destreza	skill
el diseño	design
el/la entendido/a	expert
el esnob	snob
el estilo	style
la exposición	exposition
el guion	script
la imagen	image
la moda	fashion
el museo	museum
la obra (de arte)	work (of art)
el papel	role
el período	period
el personaje	character
la preferencia	preference
el punto de vista	point of view
el/la seguidor/a	follower, fan
la subasta	auction
el tema	theme
la trama	plot

VERBOS

agradar	to please
actuar	to act
aparecer [zc]	to appear
deleitar	to delight
dibujar	to draw
dirigir	to direct
diseñar	to design
escandalizar	to shock, offend
esculpir	to sculpt
expresar(se)	to express (oneself)
filmar	to film
influir [y] (en)	to influence
interpretar	to interpret
pintar	to paint
reflejar	to reflect
rodar	to film, shoot

ADJETIVOS

alternativo/a	alternative
auténtico/a	authentic
callejero/a	of the street
clásico/a	classical
estándar	standard
innovador/a	innovative
moderno/a	modern
verdadero/a	real, true

Palabras y expresiones útiles

además	in addition	en cuanto a	with regard to
al final	in the end	entonces	therefore, then
al mismo tiempo	at the same time	luego	later, then
como consecuencia	as a result	mientras	while

Mis propias palabras

_____   _____

_____   _____

_____   _____

_____   _____

_____   _____

a diario	daily	el antepasado	ancestor
a punto de	on the verge of	anticuado/a	outdated
la aceptación	acceptance	antiguo/a	ancient
aconsejar	to advise	anunciar	to anounce
el actor / la actriz	actor, actress	el aparato electrónico	electronic appliance
actual	current, present	aparecer [zc]	to appear
actualizado/a	updated	apoyar	to support
actualizar	to update	el apoyo	support
actuar	to act	aprobar [ue]	to approve, pass
acudir	to go, turn to (for help)	aprovechar	to make the most of
adaptarse	to adapt (oneself)	el archivo	file
además	in addition	armado/a	armed
adherirse [ie] (a)	to adhere (to)	la artesanía	handicrafts
el ADN	DNA	el/la artista	artist
el/la adolescente	adolescent	el asco	disgust
adquirir [ie]	to acquire	asistir	to attend to, offer aid
el adulto	adult	el asteroide	asteroid
advertir [ie]	to warn	aterrizar	to land
agotar	to deplete	atreverse (a)	to dare (to)
agradar	to please	la audiencia	audience
agudo/a	acute, pronounced	el auge	heydey
el agujero negro	black hole	el aumento	increase
ahorrar	to save	el aumento de sueldo	salary raise
el aislamiento	isolation	aun así	even so
al contrario	on the contrary	auténtico/a	authentic
al final	in the end	auto-expresión	self-expression
al igual que	the same as	avanzado/a	advanced
al mismo tiempo	at the same time	avanzar	to advance
alarmante	alarming	bajar	to download
alarmarse	to become alarmed	la beca	grant, scholarship
alcanzar	to reach	el beneficio	benefit
alegrar	to make happy	los bienes	goods
el alimento	food	el bienestar	well-being
alquilar	to rent, lease	la bioética	bioethics
altamente	highly	biológico/a	biological
el alternativo/a	alternative	la brecha	gap
alunizar	to land on the moon	burlarse (de)	to make fun (of)
la amistad	friendship	callejero/a	street (adj.)
el analfabetismo	illiteracy	el cambio	change
la ansiedad	anxiety	el campo	field

la cantidad	quantity	**el correo electrónico**	e-mail
el capitalismo	capitalism	**cosmético/a**	cosmetic
el capricho	whim	**el costo**	cost
la característica	characteristic	**costoso/a**	costly
la carrera	course studies	**la costumbre**	custom
la célula madre	stem cell	**el crecimiento**	growth
cercano/a	close, near(by)	**la creencia**	belief
el chiste	joke	**cruzar**	to cross
el/la científico/a	scientist	**el cuadro**	painting
la cifra	number, figure	**cualquier**	any
el cine	film	**la cuenta corriente**	checking account
el claqué	tap dance	**la cuenta de ahorros**	savings account
la clase social	social class	**la cuestión**	question, issue
clásico/a	classical	**cuestionar**	to question
el clon	clone	**la culpa**	blame
la clonación	cloning	**la cultura**	culture
clonar	to clone	**la cura**	cure
el cociente intelectual	Intelligence Quotient (IQ)	**el currículum**	résumé
codicioso/a	greedy	**darse cuenta (de)**	to realize
el código	code	**debatir**	to debate
el combustible	fuel	**debido a**	owing to
la comisión	commission	**la década**	decade
como consecuencia	as a result	**decisivo/a**	decisive
compartir	to share	**declarar**	to declare
el comportamiento	behavior	**deleitar**	to delight
la comprensión	understanding	**los demás**	the rest, the others
común	common	**deportar**	to deport
la comunicación	communication	**el desafío**	challenge
comunicarse	to communicate	**desaparecer [zc]**	to disappear
el conflicto	conflict	**el descenso**	decrease
conformarse	to conform	**desconocido/a**	unknown
la conformidad	conformity	**desfavorecido/a**	disadvantaged
congelar	to freeze	**la desnutrición**	malnutrition
conservador/a	conservative	**la destreza**	skill
constar de	to consist of	**destruir [y]**	to destroy
construir [y]	to build	**la desventaja**	disadvantage
el consumidor	consumer	**la deuda**	debt
el consumo	consumption	**dibujar**	to draw
la contracultura	counter-culture	**digno/a**	worthy
controvertido/a	controversial	**el diploma**	diploma
la convención	convention	**dirigir**	to direct
la convicción	belief, conviction	**discutir**	to discuss, argue
la convivencia	coexistence	**diseñar**	to design

el diseño	design	**ético/a**	ethical
el dispositivo	device	**étnico/a**	ethnic
la diversidad	diversity	**evitar**	to avoid
el donante	donor	**exitoso/a**	successful
dormir lo suficiente	to sleep enough	**la expectativa**	expectation
la edad	age	**la expedición**	expedition
elaborar	to create	**la exposición**	exposition
elegir [i]	to choose, select	**expresar(se)**	to express (oneself)
el embrión	embryo	**el/la extraterrestre**	alien
el/la emigrante	migrant	**extremista**	extremist
emigrar	to migrate	**la falta**	lack
el empeño	determination	**la fertilización**	fertilization
en cuanto a	with regard to	**filmar**	to film
enchufar	to plug in	**el financiamiento**	financing
la energía	energy	**físico/a**	physical
la enfermedad	illness, disease	**los fondos**	funds, funding
enfrentar	to confront, face	**frente a esto**	in light of this
entender [ie]	to understand	**la frontera**	border
el/la entendido/a	expert	**frugal**	frugal
el entendimiento	understanding	**la fuente**	source
entonces	therefore, then	**el funcionamiento**	operation
envidioso/a	envious	**funcionar**	to function, work
el equilibrio	balance	**ganar**	to earn
el equipo	team	**gastar**	to spend
equitativo/a	equal, fair	**el gasto**	expense
escandalizar	to shock, offend	**generacional**	generation(al)
la escasez	scarcity, shortage	**generar**	to generate
la escolarización	schooling, education	**generoso/a**	generous
esculpir	to sculpt	**la genética**	genetics
el esnob	snob	**genético/a**	genetic
esperar	to hope	**global**	global
estable	stable	**gracias a**	thanks to
establecer [zc]	to establish	**graduarse**	to graduate
el estándar	standard	**grandioso/a**	grandiose
estereotipado/a	stereotypical	**grave**	grave, serious
el estilo	style	**el guion**	script
estimar	to estimate, calculate	**el/la habitante**	inhabitant
la estrella	star	**hacer falta**	to be lacking, needed
estresado/a	stressed	**hacerle caso (a)**	to pay attention (to)
estresante	stressful	**hacerse público**	to make public
estricto/a	strict	**el hallazgo**	finding
estudiantil	student (adj.)	**hasta ahora**	until now
la etapa	stage, phase	**heredar**	to inherit

la herencia	heritage, inheritance	**la irritabilidad**	irritability
la hipoteca	mortgage	**la juventud**	youth
el horario	schedule	**el laboratorio**	laboratory
humano/a	human	**la lástima**	shame, pity
ideológico/a	ideological	**legal**	legal
el idioma	language	**lejano/a**	far, distant
la ignorancia	ignorance	**la lengua**	language
la igualdad	equality	**la ley**	law
ilegal	illegal	**liberal**	liberal
la imagen	image	**el/la licenciado/a**	college graduate
imperativo/a	imperative	**lidiar (con)**	to struggle, deal (with)
implantar	to implant	**ligado/a**	linked .
imponer	to impose	**llevarse bien (con)**	to get along well (with)
el impuesto	tax	**llevarse mal (con)**	to get along badly (with)
la incidencia	incidence	**lograr**	to achieve
incluso	even, including	**luego**	later, then
el/la indígena	indigenous person	**la luna**	moon
la individualidad	individuality	**la luz**	light
indocumentado/a	undocumented	**el malentendido**	misunderstanding
indulgente	lenient	**el malestar**	unease, discomfort
industrializado/a	industrialized	**manejar**	to manage
inevitable	unavoidable	**la manera de vivir**	way of life
influir [y] (en)	to influence	**la manipulación**	manipulation
el informe	report	**manipular**	to manipulate
la iniciativa	initiative	**la máquina**	machine
los ingresos	income	**Marte**	Mars
el/la inmigrante	immigrant	**materialista**	materialistic
innovador/a	innovative	**la matrícula**	registration, tuition
insistir (en)	to insist (on)	**matricularse**	to register
inspeccionar	to inspect	**la mejora**	improvement
la integración	integration	**mejorar**	to improve
intentar	to attempt	**el mensaje de texto**	text message
el interés	interest	**la mente**	mind
interesar	to interest	**el mercader**	merchant
interpretar	to interpret	**la meta**	goal
la intolerancia	intolerance	**el miedo**	fear
la invalidez	invalidity	**mientras**	while
la inversión	investment	**mimado/a**	spoiled
invertir	to invest	**la mitad**	half
la investigación	research	**la moda**	ʼfashion
involucrar	to involve	**la modernidad**	modernity
inyectar	to inject	**moderno/a**	modern
ir por delante	to be at the forefront	**modificar**	to modify

molestar	to bother	perder [ie]	to miss (a class, bus)
la mortalidad	mortality	perezoso/a	lazy
el móvil	cell phone	perfeccionar	to perfect
mudarse	to move	el período	period
el museo	museum	el personaje	character
mutuo/a	mutual	la perspectiva	perspective
la nacionalidad	nationality	el petróleo	petroleum
la natalidad	birth rate	pintar	to paint
la nave	ship	el planeta	planet
navegar	to navigate	la pobreza	poverty
navegar el Internet	to surf the Internet	poco importa	it matters little
la necesidad	necessity	polémico/a	controversial
negar	to deny, negate	popular	popular
la negligencia	neglect	por culpa de	through the fault of, owing to
el nerviosismo	nervousness	el porcentaje	percentage
ni siquiera	not even	la preferencia	preference
no se sabe cómo	no one knows how	el prejuicio	prejudice
novedoso/a	new, novel	la preocupación	concern, worry
la obra (de arte)	work (of art)	preocupado/a	worried
occidental	western	preocupar	to worry
ocupado/a	busy	prepararse	to prepare oneself
odiar	to hate	el préstamo	loan
el odio	hatred	prestar	to lend
ojalá	hopefully, I hope that	el presupuesto	budget
opuesto/a	opposite	prevenir [g]	to prevent
organizarse	to get organized	la prioridad	priority
el órgano	organ	profundo/a	profound
el orgullo	pride	el programa computacional	computer program
orgulloso/a	proud	pronto	soon
oriental	eastern	la propuesta	proposal
padecer [zc]	to endure, suffer	el proyecto	project
la paga	allowance	(p)sicológico/a	psychological
pagar	to pay	publicar	to publish
pagar a plazos	to pay in installments	el punto de vista	point of view
pagar al contado	to pay up front	quitar	to remove
la pantalla (plana)	(flat) screen	el racismo	racism
el papel	role	la radiación	radiation
el pariente	relative	las raíces	roots
partiendo de cero	starting from zero	el rasgo	trait, feature
patriótico/a	patriotic	la raza	race
la paz	peace	realizar	to accomplish
pedir prestado/a [i]	to borrow	rebelarse	to rebel
pelearse	to fight	la rebelión	rebellion

rechazar	to reject	sostener [ng]	to sustain
reciente	recent	la subasta	auction
recientemente	recently	subdesarrollado/a	underdeveloped
recomendar [ie]	to recommend	subir	to upload
el recurso	resource	el sueldo	salary
reemplazar	to replace	sufrir	to suffer
reflejar	to reflect	sugerir [ie]	to suggest
refutar	to refute	sumar	to add
regañar	to scold	supremacista	supremacist
la religión	religion	tal es el caso	that's the case
representar	to represent	tarde o temprano	sooner or later
reprobar	to fail	la tarjeta de crédito	credit card
la reproducción	reproduction	la tasa	rate
resolver [ue]	to resolve	el teclado	keyboard
el respeto	respect	la técnica	technique
responsable	responsible	el teléfono celular	cell phone
el resultado	result	el tema	theme
retrasar	to delay	tener éxito	to be successful
el riesgo	risk	tentador/a	tempting
rodar	to film, shoot	testarudo/a	stubborn
rodear	to surround	la Tierra	Earth
la ruta	route	el título	degree
la sangre	blood	tomar en cuenta	to take into account
satisfacer [g]	to satisfy	trabajador/a	hard working
el/la seguidor/a	follower, fan	la tradición	tradition
la señal	sign	tradicional	traditional
sentirse [ie]	to feel	el trama	plot
la separación	separation	transgénico/a	transgenic
el ser humano	human being	transmitir	to transmit
servir [i]	to serve	transnacional	transnational
severo/a	severe	el trasplante	transplant
si me permites..	if you'll allow me...	el trastorno	disorder
el SIDA	AIDS	el tripulante	crew member
silencioso/a	silent	un sinfín de...	an endless amount of...
el símbolo	symbol	unido/a	united, close
la similitud	similarity	unir	to unite
sino	but (rather)	universitario/a	university (adj.)
sintetizar	to synthesize	el universo	universe
el síntoma	symptom	urgente	urgent
el Sistema Solar	Solar System	utilizar	to utilize
la sociedad	society	la vacuna	vaccine
el sol	sun	el valor	value
sorprender	to surprise	los valores	values

la ventaja	*advantage*	**la vergüenza**	*shame, disgrace*
verdadero/a	*real, true*	**la virtud**	*virtue*

English	Spanish	English	Spanish
acceptance	*la aceptación*	to avoid	*evitar*
to accomplish	*realizar*	balance	*el equilibrio*
to achieve	*lograr*	to be at the forefront	*ir por delante*
to acquire	*adquirir [ie]*	to be lacking, needed	*hacer falta*
to act	*actuar*	to be successful	*tener éxito*
actor, actress	*el actor / la actriz*	to become alarmed	*alarmarse*
acute, pronounced	*agudo/a*	behavior	*el comportamiento*
to adapt (oneself)	*adaptarse*	belief	*la creencia*
to add	*sumar*	benefit	*el beneficio*
to adhere (to)	*adherirse [ie] (a)*	bioethics	*la bioética*
adolescent	*e/la adolescente*	biological	*biológico/a*
adult	*el adulto*	birth rate	*la natalidad*
to advance	*avanzar*	black hole	*el agujero negro*
advanced	*avanzado/a*	blame	*la culpa*
advantage	*la ventaja*	blood	*la sangre*
to advise	*aconsejar*	border	*la frontera*
age	*la edad*	to borrow	*pedir prestado/a [i]*
AIDS	*el SIDA*	to bother	*molestar*
alarming	*alarmante*	budget	*el presupuesto*
alien	*e/la extraterrestre*	to build	*construir [y]*
allowance	*la paga*	busy	*ocupado/a*
alternative	*alternativo/a*	but (rather)	*sino*
an endless amount of…	*un sinfín de…*	capitalism	*el capitalismo*
ancestor	*el antepasado*	cell phone	*el teléfono celular*
ancient	*antiguo/a*	cell phone	*el móvil*
to anounce	*anunciar*	challenge	*desafío*
anxiety	*la ansiedad*	change	*el cambio*
any	*cualquier*	character	*el personaje*
to appear	*aparecer [zc]*	characteristic	*la característica*
to approve	*aprobar [ue]*	checking account	*la cuenta corriente*
armed	*armado/a*	to choose, select	*elegir [i]*
artist	*el/la artista*	classical	*clásico/a*
as a result	*como consecuencia*	clone	*el clon*
asteroid	*el asteroide*	to clone	*clonar*
at the same time	*al mismo tiempo*	cloning	*la clonación*
to attempt	*intentar*	close, near(by)	*cercano/a*
to attend to, offer aid	*asistir*	code	*el código*
auction	*la subasta*	coexistence	*la convivencia*
audience	*la audiencia*	college graduate	*el/la licenciado/a*
authentic	*auténtico/a*	commission	*la comisión*

common	común	to deport	deportar
to communicate	comunicarse	design	el diseño
communication	la comunicación	to design	diseñar
computer program	el programa computacional	to destroy	destruir [y]
concern, worry	la preocupación	determination	el empeño
conflict	el conflicto	device	el dispositivo
to conform	conformarse	diploma	el diploma
conformity	la conformidad	to direct	dirigir
to confront, face	enfrentar	disadvantage	la desventaja
conservative	conservador/a	disadvantaged	desfavorecido/a
to consist of	constar de	to disappear	desaparecer [zc]
consumer	el consumidor	to discuss, argue	discutir
consumption	el consumo	disgust	el asco
controversial	controvertido/a	disorder	el trastorno
controversial	polémico/a	diversity	la diversidad
convention	la convención	DNA	el ADN
conviction	la convicción	donor	el/la donante
cosmetic	cosmético/a	to download	bajar
cost	el costo	to draw	dibujar
costly	costoso/a	to earn	ganar
counter-culture	la contracultura	Earth	la Tierra
course studies	la carrera	eastern	oriental
to create	elaborar	electronic appliance	el aparato electrónico
credit card	la tarjeta de crédito	e-mail	el correo electrónico
crew member	el/la tripulante	embryo	el embrión
to cross	cruzar	to endure, suffer	padecer [zc]
culture	la cultura	energy	la energía
cure	la cura	envious	envidioso/a
current, present	actual	equal, fair	equitativo/a
custom	la costumbre	equality	la igualdad
daily	a diario	to establish	establecer [zc]
to dare (to)	atreverse (a)	to estimate, calculate	estimar
to debate	debatir	ethical	ético/a
debt	la deuda	ethnic	étnico/a
decade	la década	even so	aun así
decisive	decisivo/a	even, including	incluso
to declare	declarar	expectation	la expectativa
decrease	el descenso	expedition	la expedición
degree	el título	expense	el gasto
to delay	retrasar	expert	el/la entendido/a
to delight	deleitar	exposition	la exposición
to deny, negate	negar	to express (oneself)	expresar(se)
to deplete	agotar	extremist	extremista

to fail	*reprobar*	to hate	*odiar*
far, distant	*lejano/a*	hatred	*el odio*
fashion	*la moda*	heritage, inheritance	*la herencia*
fear	*el miedo*	heydey	*el auge*
to feel	*sentirse [ie]*	highly	*altamente*
fertilization	*la fertilización*	hope	*esperar*
field	*el campo*	hopefully, I hope that	*ojalá*
to fight	*pelearse*	human	*humano/a*
file	*archivo*	human being	*el ser humano*
film	*el cine*	ideological	*ideológico/a*
to film, shoot	*filmar, rodar*	if you'll allow me...	*si me permites..*
financing	*el financiamiento*	ignorance	*la ignorancia*
finding	*el hallazgo*	illegal	*ilegal*
follower, fan	*el/la seguidor/a*	illiteracy	*el analfabetismo*
food	*el alimento*	illness, disease	*la enfermedad*
to freeze	*congelar*	image	*la imagen*
friendship	*la amistad*	immigrant	*el/la inmigrante*
frugal	*frugal*	imperative	*imperativo/a*
fuel	*el combustible*	to implant	*implantar*
to function, work	*funcionar*	to impose	*imponer*
funds, funding	*los fondos*	to improve	*mejorar*
gap	*la brecha*	improvement	*la mejora*
to generate	*generar*	in addition	*además*
generation(al)	*generacional*	in light of this	*frente a esto*
generous	*generoso/a*	in the end	*al final*
genetic	*genético/a*	incidence	*la incidencia*
genetics	*la genética*	income	*los ingresos*
to get along badly (with)	*llevarse mal (con)*	increase	*el aumento*
to get along well (with)	*llevarse bien (con)*	indigenous person	*el/la indígena*
to get organized	*organizarse*	individuality	*la individualidad*
global	*global*	industrialized	*industrializado/a*
to go, turn to (for help)	*acudir*	to influence	*influir [y] (en)*
goal	*la meta*	inhabitant	*el/la habitante*
goods	*los bienes*	to inherit	*heredar*
to graduate	*graduarse*	initiative	*la iniciativa*
grandiose	*grandioso/a*	to inject	*inyectar*
grant, scholarship	*la beca*	innovative	*innovador/a*
grave, serious	*grave*	to insist (on)	*insistir (en)*
greedy	*codicioso/a*	to inspect	*inspeccionar*
growth	*el crecimiento*	integration	*la integración*
half	*la mitad*	Intelligence Quotient (IQ)	*el cociente intelectual*
handicrafts	*la artesanía*	interest	*el interés*
hard working	*trabajador/a*	to interest	*interesar*

Vocabulary at a Glance

to interpret	interpretar	modern	moderno/a
intolerance	la intolerancia	modernity	la modernidad
invalidity	la invalidez	to modify	modificar
to invest	invertir	moon	la luna
investment	la inversión	mortality	la mortalidad
to involve	involucrar	mortgage	la hipoteca
irritability	la irritabilidad	to move	mudarse
isolation	el aislamiento	museum	el museo
it matters little	poco importa	mutual	mutuo/a
joke	el chiste	nationality	la nacionalidad
keyboard	teclado	to navegate	navegar
laboratory	el laboratorio	necessity	la necesidad
lack	la falta	neglect	la negligencia
to land	aterrizar	nervousness	el nerviosismo
to land on the moon	alunizar	new, novel	novedoso/a
language	el idioma, la lengua	no one knows how	no se sabe cómo
later, then	luego	not even	ni siquiera
law	la ley	number, figure	la cifra
lazy	perezoso/a	on the contrary	al contrario
legal	legal	on the verge of	a punto de
to lend	prestar	operation	el funcionamiento
lenient	indulgente	opposite	opuesto/a
liberal	liberal	organ	el órgano
light	la luz	outdated	anticuado/a
linked	ligado/a	owing to	debido a
loan	el préstamo	to paint	pintar
machine	la máquina	painting	el cuadro
to make fun (of)	burlarse (de)	to pass	aprobar
to make happy	alegrar	patriotic	patriótico/a
to make public	hacerse público	to pay	pagar
to make the most of	aprovechar	to pay attention (to)	hacerle caso (a)
malnutrition	le desnutrición	to pay in installments	pagar a plazos
to manage	manejar	to pay up front	pagar al contado
to manipulate	manipular	peace	la paz
manipulation	la manipulación	percentage	el porcentaje
Mars	Marte	to perfect	perfeccionar
materialistic	materialista	period	el período
merchant	el mercader	perspective	la perspectiva
migrant	el/la emigrante	petroleum	el petróleo
to migrate	emigrar	physical	físico/a
mind	la mente	planet	el planeta
to miss (a class, bus)	perder [ie]	to please	agradar
misunderstanding	el malentendido	plot	la trama

to plug in	enchufar	reproduction	la reproducción
point of view	el punto de vista	research	la investigación
popular	popular	to resolve	resolver [ue]
poverty	la pobreza	resource	el recurso
preference	la preferencia	respect	el respeto
prejudice	el prejuicio	responsible	responsable
to prepare oneself	prepararse	rest, others	los demás
to prevent	prevenir [g]	result	el resultado
pride	el orgullo	résumé	el currículum
priority	la prioridad	risk	el riesgo
profound	profundo/a	role	el papel
project	el proyecto	roots	las raíces
proposal	la propuesta	route	la ruta
proud	orgulloso/a	salary	el sueldo
psychological	(p)sicológico/a	salary raise	el aumento de sueldo
to publish	publicar	to satisfy	satisfacer [g]
quantity	la cantidad	to save	ahorrar
to question	cuestionar	savings account	la cuenta de ahorros
question, issue	la cuestión	scarcity, shortage	la escasez
race	la raza	schedule	el horario
racism	el racismo	the same as	al igual que
radiation	la radiación	schooling, education	la escolarización
rate	la tasa	scientist	el/la científico/a
reach	alcanzar	to scold	regañar
real, true	verdadero/a	(flat) screen	pantalla (plana)
to realize	darse cuenta (de)	script	el guion
rebel	rebelarse	to sculpt	esculpir
rebellion	la rebelión	self-expression	la auto-expresión
recent	reciente	separation	la separación
recently	recientemente	to serve	servir [i]
to recommend	recomendar [ie]	severe	severo/a
to reflect	reflejar	shame, disgrace	la vergüenza
to refute	refutar	shame, pity	la lástima
to register	matricularse	to share	compartir
registration, tuition	la matrícula	ship	la nave
to reject	rechazar	to shock, offend	escandalizar
relative	el pariente	sign	la señal
religion	la religión	silent	silencioso/a
to remove	quitar	similarity	la similitud
to rent, lease	alquilar	skill	la destreza
to replace	reemplazar	to sleep enough	dormir lo suficiente
report	el informe	snob	el esnob
to represent	representar	social class	la clase social

Vocabulary at a Glance

society	la sociedad	thanks to	gracias a
Solar System	el Sistema Solar	that's the case	tal es el caso
soon	pronto	theme	el tema
sooner or later	tarde o temprano	therefore, then	entonces
source	la fuente	through the fault of, owing to	por culpa de
to spend	gastar	tradition	la tradición
spoiled	mimado/a	traditional	tradicional
stable	estable	trait, feature	el rasgo
stage, phase	la etapa	transgenic	transgénico/a
standard	estándar	to transmit	transmitir
star	la estrella	transnational	transnacional
starting from zero	partiendo de cero	to transplant	el trasplante
stem cell	la célula madre	unavoidable	inevitable
stereotypical	estereotipado/a	to understand	entender [ie]
street (adj.)	callejero/a	understanding	la comprensión
stressed	estresado/a	understanding	el entendimiento
stressful	estresante	undocumented	indocumentado/a
strict	estricto/a	unease, discomfort	el malestar
to struggle, deal (with)	lidiar (con)	to unite	unir
stubborn	testarudo/a	united, close	unido/a
student (adj.)	estudiantil	universe	el universo
style	el estilo	university (adj.)	universitario/a
successful	exitoso/a	unknown	desconocido/a
to suffer	sufrir	until now	hasta ahora
to suggest	sugerir [ie]	to update	actualizar
sun	el sol	updated	actualizado/a
to support	apoyar	to upload	subir
support	el apoyo	urgent	urgente
supremacist	supremacista	to utilize	utilizar
to surf the Internet	navegar el Internet	vaccine	la vacuna
to surprise	sorprender	value, worthiness	el valor
to surround	rodear	values	los valores
to sustain	sostener [ng]	virtue	la virtud
symbol	el símbolo	to warn	advertir [ie]
symptom	el síntoma	way of life	la manera de vivir
to synthesize	sintetizar	well-being	el bienestar
to take into account	tomar en cuenta	western	occidental
tap dance	el claqué	while	mientras
tax	el impuesto	whim	el capricho
team	el equipo	with regard to	en cuanto a
technique	la técnica	work (of art)	la obra (de arte)
tempting	tentador/a	worried	preocupado/a
text message	el mensaje de texto	to worry	preocupar

worthy	*digno/a*
youth	*la juventud*

Vocabulary at a Glance